金錢超思考

How to Think About Money

《華爾街日報》最受歡迎財經作家，
25道創造財富的關鍵思考，教你晉升有錢人！

Jonathan Clements

喬納森・克雷蒙——著　吳凱琳——譯

獻給愛蓮娜、漢娜和莎拉

推薦序

該是讓每分錢花在真正快樂上的時候了

安納金（財經作家）

這本書的作者喬納森．克雷蒙在紐約的《華爾街日報》擔任個人理財專欄作家長達二十年的時間，出版過八本個人理財書籍，他也曾任職於花旗集團，擔任美國財富管理部門的理財教育總監。此書問世，是集結他三十年投資生涯的親身經驗、博覽群書所累積的智慧，更廣泛與投資圈及學術圈等專業人士進行數千次對話的成果濃縮而成的菁華。

作者認為，金錢與快樂之間的關係遠比一般大眾所認知的要複雜許多，人們總以為多知道一些祕密，就能賺大錢並且獲得快樂。然而認真、熟悉、預測、模式、信心、多數，這些看似良好的特質，終其結果卻可能導致人們投資失利。為什麼我們會做出錯誤的決定？原因很多，包括我們受到親朋好友意見的影響（可能已經過時或者缺乏根據），以及金融業與商業活動愈來愈強大的置入性行銷能力，不斷誘導著我們做出他們所期待的決定——而不是對我們人生真正有益的決定。

耗費金錢追隨市場的潮流去消費或投資是無法得到快樂，真正的快樂取決於能夠創造幸福感的活動上，例如與家人的相互陪伴、與知心好友一同體驗人生、讓自己的身體保持健康、讓自己的知識和智慧持續成長等等。比起螢光幕上的廣告，那種經由大企業刻意包裝粉飾的光鮮穿著，或被帥哥美女包圍著品嘗美食美酒，貌似高貴般虛幻的短暫感官刺激，這些能創造幸福感的活動並不一定所費不貲，然而所創造的快樂卻更加可長可久。

除了理解金錢能如何有效運用在真正有助於快樂的活動上，本書也融入了許多有關投資與理財方面的智慧，作者建議及早將「人力資本」（也就是「賺錢的本事」）納入個人財務規畫，建構更適配的投資組合。舉例來說，若您的人力資本屬於收入穩健型的公務人員、學校老師、或身在終身雇用的企業，那麼儘管可以採取較大比例投資於股票市場。因為這樣的人力資本就像債券，具有穩定現金流入的特性；反之，依靠業務獎金的人就必須大量投資債券，這樣才能夠真正達到人生財務的風險平衡。

我認為「以終為始」的思考智慧可協助完整建構人生與財務規畫的原則。試想，當我們人生已經迎來最後謝幕，躺在床上被親友們圍繞的那一刻，內心渴望的、最想珍惜的是什麼？請從現在就開始把時間和金錢聚焦在那些方面上。通常在那一刻，沒有人會說：「我希望我的存款再多一點」、「我這輩子的知名度還不夠大」或者「房子和車子應該要更豪華」，多數人反而會懊悔這輩子花太少的時間陪伴小孩長大，以及遺憾有些話該說卻來不及說、有些事情該做卻沒做，儘管這些事情根本不太需要花錢。

我深刻地體會到，真正的富有不是在於你這輩子能夠擁有多少，而是你付出多少。金錢和時間這兩大資產只有在被使用時其意義才被彰顯出來，否則它們只是一個沒有生命的數字，這些數字沒有記載著擁有者會有多少的福分和快樂，一旦這些數字以愛之名被運用的時候，它們可以溫潤許多人的生命，同時也豐富自己的生命。而福分和快樂也就是在這個過程裡顯現，並同時被累積下來的，雖然無聲無息，但卻充滿意義。

最後，如果我們要用一生可以賺多少錢為目標，我真切無法估算究竟擁有多少能夠填滿一顆貪婪而無法知足的心；然而若以一生可以幫助多少人為目標，我更確信自己的人生會因此充滿幸福和快樂——這就是我每天可以帶著微笑入睡，清晨帶著希望起床，走在黑暗中從不恐懼，身處亂世亦不孤單的祕訣，也願善良、紀律、智慧與你我同在！

推薦序

金錢是得到自由人生的前提之一

許凱迪（財經作家）

一看到這本書的介紹，寫著：「做出更聰明的財務決策，從每一分錢中擠出快樂！」還沒翻閱就已令我莞爾一笑，在我成為投資名師前的第一桶金，是在學生時期打工、兼職網拍與爭取研究金費補貼辛辛苦苦所存的。因此我深知金錢對獲得快樂的重要，雖然雞湯說：「不要在乎錢，錢不能買到你的自由，不能給你快樂。」所以就鼓勵大家對工作或生活不滿時就換跑道。不過我想反問，在沒有固定的經濟支持下，你有感覺到自由且快樂了嗎？

很多朋友羨慕我是股市名師，擁有數萬名讀者，每天自由自在穿梭在不同的優質咖啡廳撰寫投資分析。以為不用打卡上班，擁有自由就是快樂。實際上熟識我的人一定知道，自由是用高度自律換來的。無論是嚴格鞭策自己每天維持寫作、上節目，或把握所有零碎時間盡可能吸收新知，唯有多自律才有多自由。自由的代價是每天凌晨依舊競競業業撰寫投資文，不管多累都是隔天一早準時起床看盤，幫讀者追蹤個股，中間除了吃飯跟轉換咖啡廳的時間外，基本上都在思考著工作與財務規畫。你問我快樂嗎？我真的非常開心，即便一天一天總是辛苦難過，但未來會一年比一年好過，因為現在奠定的財務基礎能讓我擁有未來夢想中的生活。

非常同意書中「金錢可以買到快樂」的觀念，我個人的經驗是唯有「財務自由」，才更能擁有快樂。在沒有負擔的狀況下進行讓你愉悅的消費，這種生活真的非常美好；而不是單純像很多人所想，以為買高價的物品就能換來喜悅，到頭來卻發現自己沒有更開心，每天花錢消費的快感，卻只換來更大的罪惡感。會有這樣的負面感受，最大的原因就是沒有做好財務規畫。而得到財務自由的三大金律莫過於「先賺錢、後存錢、再投資」。

理財的目的，不外乎買車、買房、存退休金。希望以後過著什麼樣的生活？就是我全心投入、勤奮經營事業之餘，還努力存錢並且投資的原因。連買一隻價格只有年收入的百分之一不到的精品錶都要猶豫再三，因為我知道這是為了長遠的計畫與生活而延遲享受。只要目標聚焦而明確，便能讓自己在做投資判斷與每一筆花費前做出理性的決定。

請相信我，「金錢」遠遠比你想的更重要，誠摯推薦這本書給正在掙扎如何理財、不知道該如何投資的您，學習如何讓錢為我們工作。

推薦文

總是要反過來想

雷浩斯（價值投資者）

在談《金錢超思考》之前，我們先借用波克夏副董事長查理・蒙格（Charles Munger）經常講的一句話：「反過來想，總是要反過來想。」

所以我們要思考，如果沒錢，會發生什麼事情？

沒錢會讓你有更多的惡性壓力。

壓力有分良性和惡性的，良性壓力能讓人表現更好，惡性壓力會讓人的決策能力變差。而缺錢肯定是惡性壓力，這就是有些人會因為缺錢借高利貸，或者使用高槓桿投資的原因。大腦在高壓的情況下，導致做出了難以挽回的決定。

賺很多錢就等於不缺錢嗎？如果你是個月光族，把賺到的錢立刻花掉，秉持著

「花錢」才叫「用到錢」的觀念，那麼就算你賺得再多，人生都會變得很悲慘。

蒙格經常舉例：「莫札特的才華洋溢，但是他總是透支消費，最後他的生活變得非常悲慘。」

那麼，金錢可以買到快樂嗎？創辦橋水基金、人稱「演算法股神」的瑞．達利歐（Ray Dalio）說：「金錢沒有內在價值，它的價值來自於它能買到的東西。比較聰明的作法是先確定你真正想要的東西，那才是你真正的目標，然後想想要實現目標需要做什麼。」

對我來說，金錢最重要的就是能讓我自由的支配我的時間，做我想要做的事情，增加我能夠選擇的能力，這就是價值。

當我們知道金錢能讓你有更多的優勢和選擇權，那麼一般人要如何賺到更多的金錢呢？這時，「投資」和「複利」是你的朋友。

本書提到一名九十二歲的老先生羅納德．瑞德（Ronald Read），過世後留下八百萬美金的遺產捐給地方醫院和圖書館。他正是透過節儉、有耐心的股市投資方式，還有活得夠久，累積到更多的財富。

羅納德老先生的故事，正好印證了「股神」華倫・巴菲特（Warren Buffett）所說：「只要你量入為出，花的錢比賺的錢少，就算你只是個投資能力略好的人，你的一生也能變得非常富有。」

願各位讀者在閱讀此書的過程中，得到許多金錢的智慧和閱讀的快樂。

推薦序

了解金錢的真正意涵

綠角（財經作家）

錢，你對「錢」有什麼感覺？

對於一個生活在現代社會的人，普遍看法是「錢，愈多愈好」。於是，大多數人從步入職場，就開始追求金錢。不論是收入更高的工作，或是報酬更好的投資。我們都想要更多的錢。

有了錢之後呢？當然要讓自己享受一些好東西啊。買好車、美包、名錶、大房，滿足一樁又一樁的物質欲望，這不正是我們人生美好，財富有成的寫照嗎？

然後，你發現擁有這些東西並不如想像中快樂。你很快就習慣自己住的大房子，房子本來就是這樣，沒什麼特別的啊。你一天根本沒有多少時間開車。而且開車時你想的通常不是自己開的是多好的車，而是今天路況怎麼那麼塞，路上怎麼有那麼多可怕駕駛。至於你的包包、手錶，則要擔心發霉、維修的問題。

你發現，這些物質上的東西，往往是期待比擁有快樂。擁有時，它們會持續帶來負擔。要花錢、花心力維護。

苦惱著如何賺錢，苦惱著花錢買的好東西不如想像中美好。從這個角度來看，金錢，帶給我們的痛苦似乎多於快樂。

《金錢超思考》這本書教讀者如何從根本解決這個問題。

在你開始追求金錢，與準備享受金錢帶來的物質享受前，請暫緩一下，想想本書的核心大哉問：「你應該如何思考金錢？」

重點就在於，我們應該理解「金錢只是一個工具，一種交換的媒介」。我們應該使用它，來讓自己的生活更便利、更快樂。

追求金錢時的付出，要換得花用金錢的快樂。

那錢要如何花用才會比較快樂呢？

這個問題，書中已有共識。好比你可以花錢，讓別人做你不喜歡做的事。如整理家務、洗燙衣服、填寫報稅表單等。假如這些日常生活必須做的事情，你不喜歡，可以找專家替你服務。

一個人的生活快不快樂，重點在於，一天當中他可以有多少時間做自己喜歡的事。讓時間從自己不喜歡的事中釋放出來，這是金錢的第一個好用途。

第二，你可以用錢買到體驗。在體驗上的花費，往往比物質上的花費更加值得。譬如有二十萬，與其買一隻名錶，不如來一趟家族旅行。大家在旅途中的所見所聞、打打鬧鬧，那是多年之後，仍會在腦中珍惜的回憶，甚至時間愈久，回憶愈加甜美。反觀買了某個東西之後，它通常只會隨著時間流逝逐漸老朽毀壞。

第三，你可以把錢花在別人身上。不論是請家人一同外出享受一頓美好的晚餐，或是拿錢資助你在意的社會公益事業，譬如臨近的育幼院或是環保組織。當你看著自己的錢讓別人快樂時，你也會得到快樂。

你怎麼看待金錢？

晚上睡不著，擔心明天開盤時，你目前已經嚴重虧損投資部位可能再次嚴重減值？這時，你是金錢的奴隸。

晚上在餐廳內，看著環繞整桌的家人，大家一同享用美食，快樂地笑著聊天。這時，金錢是你的工具。

如何讓金錢為你的人生帶來快樂，打開這本書，你會得到作者充滿智慧的見解與態度。

推薦序

契合本性的金錢之道

蔡宇哲（「哇賽心理學」總編輯）

記得在一次講座中，我提到了「金錢無法帶來快樂」的一些研究，會後有一位醫師舉手表達看法，他認為這樣的觀點有誤，金錢當然可以帶來快樂，可以讓自己過得更好一點、可以用來幫助其他弱勢的人，這些「用錢之道」都可以帶來喜悅與快樂。

我同意他的看法，當時因為時間有限，因此我們都只能略提到某一個面向。金錢是可以帶來快樂沒錯，那為什麼很多人很有錢但卻也不快樂呢？因為要帶來快樂的關鍵，還是在於使用金錢的態度與行為，正確的方式可以帶來快樂，而錯誤的方式就容易讓人陷入無邊無際的物慾中。

那怎麼樣正確地看待金錢呢？我讀了不少關於金錢的心理學研究，但一直很想知道財經專家的看法是什麼，畢竟同樣都是針對金錢，但兩者的立場與主要目標還是有所區別的。我想，如果從兩者觀點都可以獲得相同答案的話，那這應該就是最佳解了吧。

《金錢超思考》就是一本由財經專家所寫的書，他豐富的理財經驗，結合心理學的理論與研究所獲得的結論，讓我讚嘆不已。他在書中提到了不少人的天性與迷思，例如在第三章，他說到人類天生的一些思維傾向，是財富不易累積的因素，並且由許多經典實驗佐證。對照我自己的心態與想法，每每都讓人點頭如搗蒜。

我很喜歡作者在書中闡釋的一個概念，他認為必須要先瞭解人有哪些不利於理財的天性，有了這樣覺察之後，透過後天的意志與選擇，才能夠建立正確的理財習慣。很有意思的，這跟正向心理學在談幸福快樂是一樣的，人們的確天生容易在意損失、記得壞事，但卻希望永遠幸福快樂。而這兩者都需要透過後天的覺察、學習與練習，才能夠讓人走在正確的道路上。

想要瞭解契合本性的金錢之道，這本書可以提供不少的心理學知識與啟發。有了這些知識之後，雖然無法立即賺大錢，但可以知道如何使用金錢才會快樂、如何投資才符合長期利益，以及避免陷入錯誤的金錢迷思而不自知。我覺得所有開始賺錢、學習理財的人都要閱讀才對。

推薦序

重要的第二堂課

闕又上（美國又上成長基金經理人）

財富是什麼？快樂又如何獲得？這都是人生的大哉問！

法國小說家儒勒．雷納爾（Jules Renard）說過一段滿有意思，也著實貼切的話：「我終於搞懂人類與其他野獸的差別了，只有人類才有財務煩惱。」金錢不一定買得到快樂，但沒有金錢維持基本物質生活，鐵定不太容易快樂，除非你有顏回一簞食，一瓢飲，居陋巷，而不改其志的生活態度。

不幸的是，人有財務煩惱需要克服；幸運的是，想克服財務煩惱，有的是方法。這就必須回到投資理財的範疇，投資管理只是理財規畫的一小部分，就投資而言，巴菲特說只要學好兩門課，第一堂課是投資標的的估值，第二堂課是正確看待股價在市場上的走勢。

這本書中並沒有教導第一堂課，它告訴你無須透過估值，那是主動投資者要學的，擇時又擇股的功夫。這本書想要說的是，試著透過如何思考金錢，找到比較正確的金錢觀，進而加強你的投資心理素質和了解金錢。

如果你要學習股票的操作技巧，這本書不適合；投資心理學以及金錢觀極其重要，但是許多投資者都忽略了這般修練。好比如何獲得第一桶金？這沒有什麼妙方，剛開始只有努力的存錢，接下來才能夠透過投資擴大槓桿效應。

如果你還沒有獲得第一桶金，這本書有些章節值得你關注，例如第三章〈別慌！重新設定你的大腦〉，其中有一節「讓儲蓄變成一件『不痛苦』的事」。如果你在投資道路上有感於自己的心理素質不夠健全，那麼看一下作者所提的二十二項錯誤思維，裡面有沒有你犯的迷思。

例如，我們太在意短期的結果。的確許多散戶投資失敗，就錯在這一條，被國內媒體形容成「德國股神」的安德列．科斯托蘭尼（André Kostolany），在「一個投機者的告白」系列叢書中，就提到他年輕時學開車，教練說你這一輩子可能都學不會，他問為什麼？教練說你都只盯著眼前三公尺的地方，這麼短視，當然沒有全方位的視野。看清楚前方和四周的來車，這個道理跟投資一樣，短期股價跟公司的盈餘可能無關，所以巴菲特說股市短期是投票機，供需關係決定了走向，但長期是體重機，公司有多少實力，股價就會反應多少！

你看，光是第一條，就可以延伸出許多大師對心理素質的討論，學好投資心理素質的知識，光這一本可能不夠，但它可以是一個開端。如果有任何論點能夠說服你改變一些行為，或釐清你的一些迷思，也就值回書價了。

作者也提到，如果花錢不能讓你得到快樂，那麼表示你花錢的方式可能有問題。巴菲特也似曾說過這麼一段話，金錢如果不能讓你帶來快樂，代表你還沒有擁有財富。這是理財投資問題，還是人生哲學問題？或許都有，讓我們一起學習，一起進步！

金錢超思考

《華爾街日報》最受歡迎財經作家，
25道創造財富的關鍵思考，教你晉升有錢人！

金錢超思考

《華爾街日報》最受歡迎財經作家，
25道創造財富的關鍵思考，教你晉升有錢人！

目錄

專文導讀

金錢能夠買到什麼？

威廉·伯恩斯坦（《投資人宣言》、《貿易大歷史》作者）

作家通常會邀請朋友或是同事幫忙撰寫推薦序，不過這次不同。喬納森並沒有提出要求；他只是請我幫忙審閱《金錢超思考》的初稿。整本書完全掌握了建立健全財務生活的重要觀念，於是我決定毛遂自薦，幫他撰寫推薦序。

我的母親不僅睿智、而且是個大好人，她常說：「金錢不能買到快樂，但至少可以讓你舒適地忍受不快樂。」儘管她非常聰明，但自此之後我發現，她的想法並不正確；金錢確實可以買到快樂，但首先你必須瘋狂地存錢，然後小心謹慎地花費這些積蓄。我比任何人都清楚，喬納森是真的理解生命的無窮計算，以及傳達其中極為關鍵的部分。此外，沒有任何人比喬納森更有資格做這件事：他在《富比士》

和《華爾街日報》擔任專欄作家長達四分之一世紀，撰寫上千篇文章，提供獨特的財務看法，並出版了數本重要的書籍。

多數個人理財著作僅僅滿足於了解儲蓄、投資、保險、信用等等的投資機制。但是隨著職業生涯的累積，喬納森想要更深入探究：**金錢如何讓我們變得快樂或是不快樂？金錢對我們的意義是什麼？我們什麼時候該花錢，以及把錢花在哪些地方？為什麼我們天生不擅長儲蓄和投資？**

表面上來看，很明顯地，我們需要用錢購買讓我們快樂的物品。不，千萬不要再這麼想。首先且最重要的，金錢可以買到時間和自主性。第二，金錢可以買到體驗。最後，但最不重要的一點，金錢可以買到物品。但更多時候，我們購買的物品反而讓我們陷入更悲慘的境地。

事實上，心理學家已經表明，我們真的不知道什麼東西會讓我們快樂。我們幻想著退休後就到熱帶小島生活，但那些真正付諸行動的人很快就會發現，天氣太熱、生活枯燥乏味，而且非常想念家鄉的朋友和家人。我們渴望擁有一台寶馬汽車、面積達六千平方公尺的大房子，而真正擁有之後就發現，這些財產瞬間失去了吸引力，要維護這些財產又極度耗費時間和金錢。最糟的是，這些財產迫使我們必須將大好人生浪費在我們厭惡的工作之上，不能去做真正喜歡的工作。

我不想透露太多書中的內容，所以我根據自身經驗篩選出喬納森提出較為次要的重點：

一、我們的行為其實很幼稚。無止境追求物質生活的文化，驅使我們耽溺於經濟學家委婉地稱之為「地位財」的物品。好比高檔車、名牌包，或是能夠炫耀我們崇高權勢地位的豪宅。你不需要成為《廣告狂人》的劇迷就能明白，麥迪遜大道創造的一切，目的就是讓你不滿足。可有什麼對策？對於那些依據外在服裝、汽車和房產定義自己的人，就當作是有趣的娛樂一笑置之，或是直接鄙視他們。

二、如同前一點，要謹慎看待自己的願望。當我們如願以償得到某樣東西，特別是耐久財，卻發現它不如所想。當這件物品愈得長久使用，就愈常提醒我們曾做出了不明智的購物決定。真正能讓我們快樂的是與親友的相處時光、追求一生的夢想，或是追求更好的教育。我常夢想夏天時到哥本哈根，冬天時到聖地牙哥度假。我的第一個孫子出生之後，我便想著如果她住在克里夫蘭，我就要搬過去。

三、我們不可能都在六十歲退休。隨著壽命愈來愈長，再加上就學人口以及成年身心障礙者的比例快速增加，不難想像在未來，需要依賴他人扶養的非工作人口將會超過工作人口。這是難解的問題：股票和債券只是生產與消費者相互交換的媒介，當提供退休人口服務和產品的人力減少，這些退休人口如果沒有足夠的積蓄，生活將會變得更加困難。

四、每個人都知道股票有風險，學術圈總愛玩文字遊戲，刻意強調股票投資有多危險。但是很少人注意到風險的某種特性：風險的高低最主要與年齡有關。我們期望的是創造足夠的收入來源，因此對於有儲蓄習慣的年輕人來說，股票的風險其實並不高。我會進一步解釋：二十歲的年輕人應該跪地祈禱，股市陷入長期熊市。

簡單來說，他應該熱烈地擁抱風險，以更低的價格買進股票。但是對於退休的人來說，情況正好相反：如果她面臨了長期的熊市，但是她每年必須花費超過四％的資產組合資金以應付生活開支，而後又不幸罹患慢性疾病，那麼最好的情況就是她與小孩同住，最糟的情況就是只能住在遊民收容中心。換句話說，對退休的人來說，股票就如同車諾比核電廠一樣風險極高。

五、美國政府提供了金錢可以買到的最優惠退休金福利：你可以延遲到七十歲再領取社會安全退休福利。在你用掉大部分老本之前，事實上等於是增加每月支付的金額，向政府「購買」年金。藉由這種方法，就可以獲得經通膨調整後大約七．五％報酬率的收入來源，優於你向保險公司購買保單可領取的收入，當你過世後，你的配偶還可以無償領取遺屬撫恤金。重點是：七十歲之前你可以動用原本的積蓄，因此千萬不要想著去購買任何種類的商業年金產品。

六、學術圈不斷鼓吹所謂「消費平滑」的概念：當你年輕時可大量舉債，然後隨著年紀增長再逐步還清貸款，以維持穩定的生活水平。這實在是非常愚蠢的想法，因為它忽略了習慣性：年輕時你已經習慣了開寶馬車、坐商務艙，當你步入中年，就會想要一台賓利車和一架私人飛機。我在醫學院的同事以及同樣是理財作家的吉姆·達樂（Jim Dahle）建議新進的醫生，開始執業之後仍應繼續「像住院醫師一樣地生活」幾年的時間。這個建議很好，而且適用於所有人：你年輕時習慣六號汽車旅館，等到你年紀漸長，每當你有機會入住喜來登飯店，就會想捏自己一把，確定這一切不是夢。

七、最重要的不是變有錢；而是不要窮死。當然，最快速的致富方法就是中樂透彩，但是如果你的投資策略只圍繞在購買樂透彩券，那麼幾乎可以確定的是，你一定會窮死。購買樂透彩券的投資策略就好比是在尋找下一個蘋果或是星巴克，你成功的機率微乎其微。相反地，如果你分散投資全球股票和債券，喬納森會向你證明這時候建立和維持這樣的投資組合其實非常簡單，雖然不能讓你致富，但是有很高的機率可以過著舒適的退休生活。

八、不要想著挑選個股；當你買進或賣出時，交易的另一方很可能是巴菲特或是高盛（最糟的情況是，和你交易的是比任何人還要了解他自己公司的企業老闆）。我要再一次拿醫院同事開刀。許多人以為醫生負責開藥方，所以一定知道藥廠某些不為人知的祕密；相信我，他們根本一無所知。「投資你所熟悉產業的股票」其實是有盲點的策略，這同樣適用於醫生以外的領域。

九、我們留給小孩最重要的金融資產，就是他們會無意識地跟隨我們的消費習慣。如果在他們長大過程中，看到你總是盡可能提高房貸以及信用卡額度，去購買你不需要的東西，你很可能因此傷害了小孩的財務未來。

好的，現在上完了前菜，接下來就好好享用喬納森在個人理財新聞界累積數十年的經驗成果。仔細閱讀、吸收、汲取知識，以及最重要的，開始行動，邁向更富足的生活。

前言

思考金錢的意義

很多人認為，理財的首要目標就是打敗股市大盤，盡可能累積愈多的財富。只要擁有足夠的聰明智慧，再加上認真研究，就能確保投資成功，並擁有通往快樂所需的一切條件。

有些人確實做到了。

我知道，這樣聽起來實在很傲慢。但老實說，很少有人能真正打敗大盤，全都是先低下頭實踐，努力存錢才是累積財富的關鍵。金錢只能買到有限的快樂，而且多數時候，我們才是自己最大的敵人。

這本書集結了我過去三十三年所累積關於理財議題的書寫和思考，其中有二十七年我在報社擔任金融專欄作者，每天鼻尖緊貼著窗戶，想要一探窗戶內究竟發生了什麼事情。另外六年我在花旗集團美國財富管理部門擔任理財教育總監，這次我成了窗內的企業人士，冷眼嘲笑著那些鼻尖緊貼著窗戶，往內觀望的人們。

這段期間，我做了所有常見的、徒勞無功的努力：購買主動式管理投資基金、嘗試投資個股，自以為知道金融市場的未來走向，大肆買進我確定可以讓自己永遠快樂的投資標的。但是一而再、再而三的事實證明我錯了。雖然沒有什麼重大挫敗，不過也累積了夠多的失誤，我愈來愈覺得，所謂的「傳統觀念」其實也不怎麼明智。

接下來的內容，出自於我個人三十年投資生涯的親身經驗、大量閱讀所累積的知識，以及和投資界、學術圈與金融專業人員進行數千次對話的成果。

金錢迷惑了許多人。他們以為只要掌握某個重大祕密，例如某個投資產品、特別的交易策略，或是投資大師的指引就能賺大錢。但事實上，累積財富的原則簡單得可以：**在我們能力範圍內盡可能地存錢，謹慎舉債、控管主要金融市場風險、投資時不要太過自作聰明**。在我們剛進入成年期時，財務的累積可能緩慢得讓人難以忍受，甚至沮喪。你可能得花費多年時間，才能存到人生第一個一百萬。但是，如果我們遵循簡明且審慎的原則，成果將非常可觀。過了數十載，我們可能因此累積了三百萬，很快地三百萬會變成六百萬，甚至一千萬。

問題是，通往富裕的路徑看似簡單明瞭，但並不代表容易做到。接下來的五章，我將詳細討論面對金錢時應該採取的五大關鍵。

- 金錢與快樂之間確實有相關，但是兩者之間的關係遠比一般大眾以為的要複雜許多。如果我們希望從金錢獲得最大的快樂，就必須更仔細地思考，該如何花費，以及我們要追求的目標是什麼。
- 多數人都將非常長壽，我們可能不只追求單一職涯，退休生活也可能長達二十到三十年，這將會大幅影響我們的理財方式。
- 我們遺傳了人類祖先的狩獵與採集本能，不擅於儲蓄與投資。最終的結果：

我們非常需要自律；或如果缺乏自律，至少得一定程度的自我欺騙，才能有效地管理金錢。

- 我們將財務生活切割成各自獨立的區塊，認為保險策略與銀行帳戶是各自分開的，股票債券投資組合與的債務無關。但是若要有效地管理金錢，並做出正確的交易決定，就必須整合這些不同的財務區塊，而且該把重點放在我們是否有固定薪資收入。
- 若想讓自己的財務獲得改善，就不應浪費時間想著如何賺更多的錢，而是思考未來的財務將面臨哪些危險。這並不是說我們不應該冒險大舉投資股票市場，或是申請高額的房貸購買人生第一棟房子。但是，在你努力為未來存錢以及投資的同時，也要盡可能降低導致財富縮水的損失。這些損失的金額或許不多，例如投資基金的費用以及股票交易成本；但也可能很高，例如在市場觸底時被迫拋售股票或是身體出現傷殘卻沒有事先投保傷殘保險。不論是哪一種情況，都有可能導致財務的損失。

有些讀者看到這裡可能會氣得牙癢癢，或是不能苟同地大發牢騷。我在《華爾街日報》和其他媒體撰寫專欄時收到許多類似的讀者回應，我知道許多想法必定無法得到很多人的共鳴，例如金錢不可能永遠買到快樂、你不太可能打敗大盤、預先償還貸款是有道理的、退休的人應該延遲請領政府提供的退休金福利、擁有放鬆的退休生活並不會讓你感到滿足等等，但是我希望你能保持開闊的心胸看待之。

可以想見的是，眼前仍有不少阻礙，因此要能頭腦清晰地思考關於金錢的問題，並不是一件容易的事。最近數十年，多數人關注的焦點在於一般大眾如何處理金錢，研究顯示我們通常會虧待自己。專精於行為財務學的研究人員指出，人們的行為並不像傳統經濟學者以為的理性，相反地，我們犯了不少錯誤思維。

神經經濟學的研究同樣得出了類似的結論，這門學科主要是研究人類大腦在不同的財務情境下會如何做出反應。當我們取得重大勝利，大腦會分泌多巴胺，並產生短暫而強勁的愉悅感；相反地，如果投資出現損失，會降低大腦的血清素濃度，引發焦慮和煩躁的感受。神經經濟學證實了行為財務學與演化心理學所發現的現象，後者主要研究的是我們遺傳自以狩獵採集維生的人類祖先所具備的心理特徵。我們的大腦完全能適應更新世（Pleistocene）的環境，當時大腦的主要生物功能就是幫助人類在遠古時代的世界裡順利生存，而當我們面對現代的財務狀況時，許多本能反應卻很可能產生問題。

此外，其他的研究發現，金錢與快樂之間的關係並不單純。相反地，有各式各樣重要的因素牽涉其中，包括我們是否已婚、通勤的距離，以及年紀等❶。

雖然這本書引用了許多不同的研究報告，但本書的目的不是提出一份完整的調查筆記。相反地，這本書更像是呈現個人的觀點，並引述許多與我個人觀點產生共鳴，影響我如何看待財務問題的重要研究。你可以在本書的註釋中找到引用的報告來源，但並非所有事實或想法都有附註就是了❷。

對於理財顧問來說，學術界的研究結論其實早在預料之中，特別是協助客戶進行生涯規畫的理財顧問，他們的工作主要是幫助人們善用金錢過著滿足的生活，而非僅僅是為了尋常目標而存錢，例如支付教育費用、房地產與退休生活所需。許多理財規畫顧問發現，他們的客戶根本不知道自己想要運用手中的財富達到什麼樣的成就。事實上，許多人經年累月做出了太多導致自己不快樂的決定。

為什麼我們會做出錯誤的決定？原因很多。我們過度受到傳統智慧與社會價值的影響；我們太在意朋友、家人、特別是父母是怎麼想的，即使我們的父母早已不在人世；我們受到本能所驅使，而這些本能遺傳自過著居無定所生活的人類祖先。然而，害怕失去以及不斷慾望消費的天生本性，對於現今我們所生活的世界，有時候不一定是助力。

我們也深深受到金融服務公司以及企業的行銷手法所影響。金融公司希望讓投資人相信，他們可以打敗大盤，因為對於這些公司而言，打敗大盤的訴求是很好的賣點。金融公司的業務員只會努力推銷能讓他們領到業績獎金的產品。因此，有的業務可能會大力宣傳基金，另一名業務則是力推保險。但是你很少會聽到這些業務員專心討論這些產品如何符合客戶的財務需求，更不可能去討論哪些理財規畫領域根本沒有產品可賣，例如什麼時候更改遺囑、幫助小孩支付大學教育費用需要多少存款、購買多大的房子比較合理等等。此外，企業廣告不斷宣傳該是時候買新車、更好的洗衣精，或是最新款的手機，於是我們忘了必須為未來存錢的必要。那些行銷人想要傳達的訊息其實很明確：過著奢華的生活，周遭圍繞著帥哥美女，人人揚起嘴角、放聲談笑，不停地消費。

這裡並沒有任何的陰謀論，只是呈現自由市場的真實面，每個人都在追求自我的利益。我所說的每個人，也包括你。**如果我們希望藉由自身擁有的金錢建立快樂且成功的財務生活，就必須捨棄可能會產生誤導的傳統智慧，忽略其他人大肆宣傳的追逐私利方法。**我們真正要做的是找到正確的方式，重新思考金錢的意義。

此版本是為了全球讀者而寫。當然，各國的稅法、政府提供的退休福利、社會安全網以及投資產品不盡相同，不過，相似之處大過相異處。我希望：本書所探討的財務觀念能對多數讀者有所助益。誰知道呢？或許這些觀點能幫助你從不同的角度，重新檢視你的財務生活。

第 1 章

沒錯！用錢買到更多快樂

金錢與快樂，比你想得更複雜
追求「消費的快感」，卻讓人快樂不起來
看似花錢的麻煩事，反而令人感到滿足
別讓「有閒錢」成為你的財務焦慮

想要從金錢中獲得最大效益，就得謹慎花錢。

環顧客廳四周，檢查一下家具、電燈和電視機；看看牆上的掛畫；走去廚房，瞧瞧那些碗盤、刀具和其他廚房用品；再轉去你的臥室瞄一眼，包括衣櫥裡的衣服。你眼前看到的都是物品——都是你買回來的物品，通常是你經過深思熟慮之後的決定，你相信這些東西能讓你的生活更快樂。真是如此嗎？或者，你幾乎再也沒有看過他們一眼？在某些情況下，你或許後悔自己當初為什麼買了這些東西？

別擔心，我不是要批評西方世界的物質主義，或是進行某種哲學思辨、抨擊苦行生活的美德。我們都需要用到椅子、刀具和衣服。相反地，我只是想強調另一個觀點：**我們並不真的清楚知道，什麼事情能讓我們快樂**。

古典經濟學認為，人們做決定時追求的是「效用最大化」，意思是我們偶爾有可能會把事情搞砸，但是我們通常不會做出讓自己不開心的決定。這樣的假設其實不完全正確。很多人每天抽菸、暴飲暴食、連看幾小時的電視，雖然他們也不想讓自己變成這樣❸。多數人活在當下、花錢如流水，卻沒有想到為未來存錢。他們選擇的工作讓自己陷入悲慘的境地。他們購買房產，卻得忍受長時間的通勤。當我們判斷與自己往來的人是敵是友時，直覺反應或許能有些幫助；但當我們決定如何花費時間和金錢，或是當我們必須確認該追求什麼目標時，就不應假設我們的直覺知道自己想要的是什麼。

不過，一切還有希望。我們可以透過反思，知道自己想要的究竟是什麼，關於金錢與快樂的學術研究報告也能提供些許的幫助。十多年前，我開始閱讀研究報告，從此便欲罷不能。這些研究報告完全不同於那些大眾心理學大師，根據奇聞軼事或是出於自身哲學或政治觀點所提出的情感過度氾濫的無稽之談。相反地，這些研究報告依據的是設計嚴謹的研究，大量蒐集相關的調查資料並進行深入的分析。

這些研究對於人們如何處理金錢以及過生活提出了透徹的見解。多虧這些研究，讓我很早便了解應該花時間和朋友以及家人相聚，雖然看起來有些難。我會開心地花錢去探訪我的孩子們，邀他們參加家庭旅遊或是特別的聚餐。我賣掉郊區的房子，從此再也不需要花時間通勤。我辭去令人厭惡的高薪工作，因為我知道，如果我能花時間從事我認為真正重要、而且感到有熱情的活動，我會更快樂。

學術研究能改變你的人生嗎？有些研究結果還真是讓人意想不到，例如：

- 金錢可以買到快樂，但是不如我們想像得多。
- 我們過度看重擁有，忽略了體驗。
- 把錢花在別人身上帶給我們的快樂，勝過把錢花在我們自己身上[4]。
- 當我們擁有較少，而不是較多的選擇時，其實會更開心。
- 努力朝向目標邁進可以帶給我們極大的滿足感，但是達到目標之後這樣的滿足感便會立即消失於無形。
- 養育小孩並非如許多父母所以為的可以讓生活變得更愉快。
- 人生的滿意度變化呈現U字型走勢，二十和三十多歲時的自我滿意度最高，而後開始下滑，到了四十多歲跌至谷底，之後又重新反彈。

當然，其他的研究結果相對而言可想而知：結婚的人或是身旁有朋友和家人的人比較快樂，能夠自由運用時間以及定期運動的人，即使一星期只運動一次、一次只運動十分鐘，心情也會比較愉快❺。幫助別人能讓我們感到開心。然而同時，通勤、生病、失業和財務問題則會讓我們不快樂。

位於華盛頓的無黨派組織「皮尤研究中心」（Pew Research Center）於二〇〇六年發表一篇研究報告，發現右翼選民比左翼選民要快樂，星期天上教會的人比起待在家中的人要快樂❻。此外，這項研究指出，不論有沒有養寵物，以及是否有小孩，人們的滿意程度是一樣的。你或許看過不少報告，有大量研究在探討什麼樣的原因讓人們對生活感到滿足，其中有許多因素會導致不同程度的生活滿意度。

不過，我們不應該將相互關係與因果關係搞混。也許結婚或進入一段長期關係會讓人們快樂，這聽起來似乎是很合理的說法，但也可能是比較快樂的人最後都走入了婚姻。此外，這裡討論的是平均數。我們可以說結了婚的人生活不快樂，但所有單身的人幾乎都是快樂的。此時的挑戰在於：我們必須找出各種可能影響生活滿意度的因素，然後確認哪些因素是最重要的，這樣才能知道應該專注於哪些因素，以及該從何開始。當我們思考金錢與快樂之間的關聯時，應該記住接下來的四個關鍵概念：

第一，**快樂並非是擁有單一定義的簡單概念**。無傷大雅的玩笑話或是小酌幾杯，就可以讓我們一整天的心情大好，我們的重點不在於及時行樂，而是如何擁有更讓人滿意的生活。此外，描述我們自己是否快樂，取決於問題的陳述方式，以及在問題提出之前的幾分鐘以及幾小時內，我們遭遇了哪些事。這也是為什麼有些研究結論相互抵觸的原因。日常生活的小確幸完全不同於當我們靜下心來深入思索人生時所感受到或缺乏的滿足感，兩者不應相互混淆。

第二，**不論生命中出現正面或負面事件**，**我們通常都能快速適應**。例如，當我們被告知加薪時，當下必定是欣喜若狂。過了一個月以後，興奮的感受便會消失，加薪只是另一個帳面數字。我們無法預期自己會多快適應，這正是我們無法準確辨認出什麼事情讓我們快樂的關鍵原因。

第三，**快樂與否通常是與其他人比較的結果**。多數的人如果銀行帳號有五十萬元英磅的存款，一定會高興得不得了。但是如果我們居住的城鎮，所有居民都擁有五百萬元英磅的存款，我們就不可能這麼興奮了。

第四，**每個人的快樂「設定點」不盡相同，這是天生注定的**。改變我們的生命條件或生活方式，也許可以提高或是降低設定點，但是有些人無論面對什麼樣的生命情境，永遠都會比其他人更樂觀。

決定一個人快樂與否，「設定點」的因素占了五〇％；至於生命條件，包括我們的年紀、收入，離婚與否等，則占了另外一〇％。那麼剩下的四〇％呢？完全取決於我們自己。我們可以自行選擇要過什麼樣的生活，藉此改變我們的快樂程度，例如要追求什麼目標、如何花錢、要不要當志工、是否縮短通勤時間、花多少時間與朋友和家人相處[7]。

金錢與快樂，比你想得更複雜

在關於快樂的所有謎題當中，與金錢之間的關係或許是最讓人摸不著頭緒的部分。我們可能會讀到一篇文章，內容描述某位名人雖然很有錢，卻感到痛苦萬分，口口聲聲地對外宣稱「當然，金錢買不到快樂」。但我們還是忍不住會想，如果更有錢，我們一定會更快樂。

所以，金錢能買到快樂嗎？如果在某個生活貧困的地區提出這個問題，人們必定會覺得荒謬可笑。如果我們能夠幫助人們擺脫貧窮，讓他們不需要再為吃住等基本需求擔憂，必定能大幅提升他們的快樂程度。在低收入國家，例如肯亞、坦尚尼亞和烏干達，人們的生活滿意度低於中國、秘魯和南非等中等收入國家[8]。然後呢？金錢可以買到更多快樂嗎？似乎沒有。在德國、英國和美國等先進國家的生活滿意度，並沒有比中等收入國家高出許多。

經濟學家理查・伊斯特林（Richard Easterlin）首度指出金錢與快樂之間關聯薄

弱。一九七四年，他提出了如今已是眾所周知的「伊斯特林悖論」：雖然數十年來美國和其他已開發國變得更為富有，但是人們的快樂程度並沒有跟著提升。如此看來，更多的金錢似乎無法帶來，或是買到更多快樂。

「整體而言，你會如何形容最近的心情？你會說非常快樂、很快樂或是不快樂？」美國自一九七二年開始，每一兩年會進行社會概況調查，前述的問題是其中的一道題目。這項問卷調查是由總部位於芝加哥大學校園內的全國民意研究中心負責執行。

二〇一六年，有三〇・三％的美國人表示他們非常快樂，一九七二年則有二九・七％，兩者相去不遠。二〇一六年的調查也顯示，二八・七％的人對自己財務狀況感到滿意，低於一九七二年的三二・二％。在這四十年間，美國每人可支配所得（經通貨膨脹調整後）成長一一九％。而此刻的重大難題是：在美國，我們手中可花用的金錢是四十年前的兩倍，但是我們的快樂程度並沒有因此提高，甚至對於財務狀況的滿意度還出現下滑。不過，美國並非例外，「生活愈來愈富裕，卻沒有因此變得更快樂」的行為模式也出現在其他國家，包括澳洲、加拿大、法國、德國與英國[9]。

為什麼我們擁有了更多金錢，卻沒有帶來更多快樂？我記得曾寫過一篇專欄文章，說明金錢與快樂之間的關係薄弱。結果有位讀者顯然無法認同，他的理由是「有錢可以買水上摩托車，你絕對不會看到一個不快樂的人騎著水上摩托車」。這或許是真的。但如果你每天都騎水上摩托車呢？這樣的喜悅可以持續多久？

這就是所謂的「享樂跑步機」（hedonic treadmill）或「享樂適應」（hedonic adaption）。意思是：我們渴望獲得下一次的升遷機會，當我們終於等到了，一開始會非常興奮；但很快地，我們對於獲得改善的環境條件已經習以為常，將得到的新工作機會視為理所當然，過沒多久又開始嚮往另一個目標。我們或許可以把這種努力爭取、適應與醒悟的循環，歸咎於以狩獵採集維生的人類祖先。我們今天之所以面臨這樣的處境，正是因為他們永遠無法滿足所擁有的一切，為了求生存，他們必須永無止境地索求更多。

快速適應的現象或許也可以說明，為什麼當我們的選擇機會變少時會比較快樂。在西方社會，極為重視選擇的自由，但也因此產生不確定性——不確定性會阻礙快樂。如果我們不滿意現在居住的地方，但又沒有錢搬到其他地方，我們就會逐漸適應現在的住家。不過如果我們有足夠的錢，而且明天就可以搬家，或許我們永遠都無法適應現在住的地方，每天陷入天人交戰的抉擇之中，不斷想著該繼續住下去還是花錢搬走。**快樂並非來自於有選擇，而是做出選擇，然後排除這個選擇**。

追求物質改善、並快速適應改善之後的環境條件，這樣的過程使得我們很難持續不斷地提高我們的快樂程度。但是快速適應的特質也有好處，能夠避免陷入長久的痛苦情緒。我們以為自己永遠走不出離婚、家人過世或是永久性傷殘的陰影，然而我們走出來了。適應的特質有助於解釋，為什麼我們的生命條件對於整體快樂程度的影響程度只有一〇%[10]。

我們會適應環境條件的改變，但是適應程度有異。我們很快就適應剛買回來的新車，快樂程度一下子回復到買車之前。但如果我們患有慢性疾病或是另一半離開了我們呢？可能不久後會從悲傷的情緒中復原，但或許再也無法像身體健康時或是離婚前那樣快樂。

金錢與快樂之間的關係，明顯比我們想像得要複雜。但並不代表兩者之間沒有關聯。當真正了解這個議題，就能區別人們如何評估自己的人生，以及如何評斷日常的快樂情緒，這兩者是不同的。

以全球來看，日常的快樂程度似乎會隨著收入增加而提升，直到年收入達到七萬五千美元（約兩百萬台幣）的高點。在此之後，收入就變得不再重要。此外，金錢很難成為影響日常快樂程度的主要因素。其他像是身體的不適、孤單或是牽掛另一個人，也都是重要的因素。還有一點，吸菸也與情緒低落有關[11]。

不過，收入較高確實能讓你的日常生活更開心吧？那也不盡然。有項研究針對三百七十四位工作者進行測試，在一天之內每二十五分鐘詢問一次他們對於不同感受的強度。擁有較高收入的人並沒有比較快樂的感覺，反而更可能產生憤怒、敵意等負面感受，或感到焦慮與緊張[12]。除此之外還有壓力，收入較高的人通常工作時間較長，沒有多餘時間從事其他活動，例如與朋友和家人相處，但這些活動其實能提升一個人的快樂程度。

如果我們跳脫日常的快樂，轉而考量一個人如何評價他或她的人生？這時金錢似乎扮演了更重要的角色，人們的快樂程度會隨著收入增加而逐步提高。意思是：擁有較高收入雖然不一定可以改善個人日常的情緒感受，但是這些人對於人生整體的評價卻更為正面[13]。

這樣的研究結果似乎是鼓勵人們追求物質生活，盡可能賺到最多的收入。但在你開始選擇週末加班以爭取下一次加薪機會之前，請先想想所謂「聚焦錯覺」的問題。一項名為「住在加州會更快樂嗎？」的研究，針對美國四所大學的兩千名大學生進行調查，其中兩所大學位於中西部，另外兩所位於加州。

兩所地區大學的學生對於生活的整體滿意度相當，而且他們都預期生活在加州的人必定比生活在中西部的人快樂。為什麼？當這些學生想像中西部與加州的生活情況時，他們都專注於兩個地區明顯可見的差異，例如加州的天氣比較舒適。然而他們的錯誤就在於：他們不了解「天氣舒適與否」對於一個人整體生活的滿意度而言，並不是很重要的因素[14]。

金錢與快樂之間的關係是否也如此？換句話說，當我們被問到是否對生活滿意時，我們的注意力是否會立刻轉向我們的收入多寡或所累積的財富，是否因此導致收入較高的人會說自己比較快樂？

即使金錢與快樂之間存在關聯性是因為聚焦錯覺所造成，但是你可以讓這個錯覺對自己有利。假設去年你重新裝潢廚房，而現在，你根本不太會去注意到當初花大錢裝修後的樣貌。可是如果你暫時休息一下，看著「絕對零度」（美國頂級家電品牌）的不鏽鋼冰箱，然後想著自己有多幸運，此時你便能從消費的行為當中獲得些許的快樂。

追求「消費的快感」，卻讓人快樂不起來

研究顯示，金錢可以改善日常的快樂感受，至少在某種程度上是如此，而且當我們坐下來回想自己的人生時也會覺得好過一些。但是追求金錢，以及我們追求的

花錢方式也可能會影響我們的心情。特別是，我們容易犯下三大錯誤。

第一個錯誤：我們讓自己置身於會產生相對剝奪感的情境。這同樣是聚焦錯覺效應，但這種聚焦錯覺會對我們不利。假設我們得到大幅度的加薪，因此決定在更高端的地區置產。這想法不錯吧？不見得。如果鄰居的收入比我們高，我們很可能會因此變得不快樂，特別是如果我們會時常碰到他們[15]。

鄰居的影響力，以及我們自己與其他人之間的地位落差，也會衝擊那些陷入財務困境的人們。有項研究觀察了有背負債務的英國家庭，如果居住地區家庭負債的情況很普遍，比起那些居住在富裕地區的人們，前者並不會比較不快樂[16]。看來，同病相憐的現象確實是存在的。

搬去較為富有的地區，會讓你變得不快樂；如果你所住的地方距離工作地點又遠，痛苦的感受便會加倍。這是人們最常犯的**第二個重大錯誤：研究顯示，通勤會減損快樂的情緒**。有一項研究觀察了德州九百零九位在職女性如何評估他們在一天之內必須執行的十九項活動。其中評等最低的是早上通勤，倒數第三低的是下班時間通勤[17]。

通勤不僅讓人心情變差，還會傷害人際關係。一項瑞典研究顯示，通勤時間達四十五分鐘以上，伴侶分手的風險會增加四〇%。但如果夫妻或伴侶其中一人或兩人通勤超過五年，或是在他們建立關係之前就已開始遠距離通勤，分手的機率便會降低[18]。

好的，所以我們其實不想遠距離通勤，不想居住在較富裕的地方。那麼，還有其他讓人不快樂的因素嗎？我們繼續深入討論居住的問題：假設我們正考慮買更大的房子。當我們思考未來的新家時，可能會想到要有額外的空間，還要有一座大花園可以讓小孩玩耍，我們會為此心動不已。

但是，我們可能不會去多想因此而多出的維護成本。即使不自己動手做，而是雇用其他人幫忙除草、整理房子和執行偶爾的修繕工作，仍得花時間找到人去做這些瑣事。

這就是我們犯下的**第三個重大錯誤：我們習慣花錢買更多的物品，因為我們看重的是這些物品的長久價值。但事實上，當我們花錢買「體驗」而非物品時會更為開心**。為什麼？有幾個可能的原因[19]。

體驗不僅會引發我們熱烈的期盼，同時還能留下美好的回憶，而這些回憶會隨著時間的積累更加令人難忘。我們會想起整件事，忘記過程中意外發生的煩惱。相反地，我們很快就會適應生活中物質條件的改善，更何況我們還要分心照料我們所購買的物品，然後眼看著它們日漸被磨損。

體驗也會成為自我認同的一部分，這是物質條件所無法做到的。我們的內心對於擁有物品的感受通常有些複雜，因為害怕被認為是物質主義者。但相反地，體驗能增加歸屬感。我們通常會和其他人分享過程，和同伴一起放聲大笑。還可以和不在場的朋友們訴說我們的冒險故事，讓他們大開眼界。

還記得那些有錢的鄰居如何讓我們產生相對剝奪感，導致我們情緒低落？同樣地，總會有人比我們擁有更多、更好的東西，但是他們不一定擁有更好的體驗。事實上，我們很難比較我們與他人所擁有的體驗價值。想要從金錢得到更多快樂嗎？

不如忘了超高解析度的電視機，好好去享受一次難忘的旅行吧。

看似花錢的麻煩事，反而令人感到滿足

我們現在要討論一個敏感的話題：「養育子女」究竟會更加快樂還是減少快樂？在此我先迅速澄清，我有兩個小孩和兩個繼子女，所以不要再說我是個膝下無子的耽溺紐約客。很顯然地，我投生小孩一票。不過，這個問題其實有些複雜。

二〇一二年十一月皮尤研究中心的調查發現，已婚的美國成年人當中，三六%有小孩的人以及三九%沒有小孩的人認為自己「非常快樂」。單身的人呢？要養育孩兒的單身者當中，二三%認為自己非常快樂。沒有小孩的單身者當中，認為「非常快樂」的比例較低，僅有二二%[20]。

由此可見，已婚的夫妻比單身的人更快樂。但如果要開始養兒育女之後呢？根據皮尤研究中心的數據，並無法確定小孩能帶來快樂，即使是學術性研究同樣沒有明確的結論。有不少研究嚴謹的文章認為，養育孩子會減損快樂，但同時也有其他

研究顯示，小孩可帶來快樂。

其中有個有趣的研究指出，快樂的父母和不快樂的父母兩者之間的差異，會隨著時間的累積而逐漸縮小。作者的論點是：社會分化與經濟不安全感會使得沒有小孩的人更不快樂。但必須養育孩兒的父母並不會受到這些趨勢的影響，部分原因在於，有小孩會讓父母更能融入社會[21]。

所以結論是什麼？看來養兒育女的結果是好壞參半，至少就快樂這件事而言。如同安格斯·迪頓（Angus Deaton）和亞瑟·史東（Arthur Stone）所寫的，「我們發現，就主觀的幸福感受而言，有無小孩之於幸福快樂並沒有顯著的差異。」他們認為「和小孩一起生活的人可能已經結婚、較為富有、教育程度較高、宗教信仰更虔誠、身體更健康」，這些都是讓人們感到更快樂的重要因素[22]。

如果我們控制這些社會因素，就能排除養育子女所帶來的衝擊嗎？迪頓和史東發現，就日常的快樂程度而言，必須擔負撫養小孩的開銷也是好壞參半的事，一方面父母會承受更大壓力，但另一方面也會享受到更多歡樂時刻。整體來說，美國父母對自己生活的評價稍微沒那麼正面。其他生活較富裕的英語國家，也有類似的結果。這倒是有點出乎我意料之外：原本我以為，這些父母會認為自己的生活比起膝下無子的父母更為富足。我個人覺得撫養小孩之後，我的生命從此有了意義和目的，如果我沒有小孩或是繼子女，就會失去這一切。

別讓「有閒錢」成為你的財務焦慮

富有的鄰居、遠距離通勤以及過度購物消費等都會讓人變得不開心，而養兒育女呢？似乎也幫不了太多。但這並不代表金錢買不到快樂。伊莉莎白・鄧恩（Elizabeth Dunn）、丹尼爾・吉伯特（Daniel Gilbert）、提摩西・威爾森（Timothy Wilson）等學者將他們的論點整理成一篇文章，於二〇一一年發表，內容提到：**「如果金錢不能讓你快樂，那麼很可能是你花錢的方式不正確。」**[23]

他們寫道：「有錢能讓你活得更久，過得更健康，減少擔憂和傷害，有空閒時間和朋友與家人相處，可以掌控日常活動的本質，這些都是快樂的源頭。有錢的人不僅擁有更好的玩意兒，他們還能獲得更好的營養與醫療資源，擁有更多自由時間以及更有意義的工作，這些都是構成快樂人生的要素，當然還有更多其他因素。但是，相較於沒那麼富有的人，有錢人並沒有因此變得比較快樂。如果金錢能買到快樂，那麼為什麼這麼多有錢人並沒有變得更快樂？因為他們花錢的方式不正確。」

所以，我們要如何買到快樂？這些學者提出了幾項策略——雖然其中有許多都違反我們一般人的直覺。**好比如果我們把錢花在別人身上，會比花在自己身上更快樂。時常花小錢會比偶爾一次花大錢更有樂趣。延遲消費比起衝動購買更令人滿足，因為延遲消費能拉長期待感，讓人保持心情愉快。**

學者們建議，當我們評估購物行為或生活事件對於我們的情緒會產生什麼影響的時候，不應該只看重整體。請放棄類似「如果擁有一間度假屋不是更好？」的想法。相反地，我們應該去注意那些瑣碎的細節，例如維修會有多煩人。這些讓人頭痛的問題會嚴重影響我們日常的快樂程度。此外，他們也提到，比價會導致我們購物時將心思放在不重要的事物上。例如找房時，我們可能會被坪數更大、價格更貴的房子所吸引。但很多時候房子的大小並不能保證我們長期快樂，但是卻讓花費超出我們應付出的合理範圍。

讀到這裡，很多讀者可能已經陷入文字迷霧之中。你已經知道許多讓人更快樂以及更不快樂的因素。你也知道如何運用金錢可以讓你變得更快樂，或變得不快樂。重點是，了解這些後到底該怎麼做？就我個人的生活經驗而言，我會盡力專注在三大原則上。

心理學教授愛德華・戴西（Edward Deci）與理查・萊恩（Richard Ryan）兩人被譽為「自我決定論」之父，他們假設**人們有三種基本心理需求：勝任、歸屬與自主**。**當這些需求獲得滿足**，**就能自我激勵**，**體驗到幸福感**[24]。

看到這裡，你可能會有這樣的反應：「他們到底在說什麼？」基本上，如果我們從事自認為擅長的活動（勝任）；而且我們從事這些活動是因為我們想要去做、而不是因為被強迫（自主）；再加上如果我們並未與社會隔絕（歸屬），就會感到更快樂，對日常生活更有熱情。同樣地，我相信如果我們懂得如何聰明運用財務，便可以透過三種方式用金錢買到快樂。

第一，**有錢可以減輕我們的財務焦慮，讓我們更有自主能力**。對我來說，金錢就和健康一樣。當我們生病了，才明白身體健康是多麼美好的一件事。同樣地，當我們缺錢時，才明白建立穩固的財務基礎是多麼重要的一件事。擁有更多的錢並不一定會變得快樂——但沒錢鐵定會很不快樂。我們即便痛恨現在的工作，但可能因為背負財務重擔，而不能轉換跑道。

是的，我們應該要為未來的退休生活、小孩的教育以及房屋訂金（或稱為頭期款）存錢。但這些特定的目標必須歸屬於另一個更廣泛、更重要的財務目標：我們期望有一天不用再為金錢問題煩惱，不再讓自己的生活受到重重限制。其實我們不需要花太多力氣，就能大幅降低金錢焦慮。只要剪掉信用卡、準時付帳單、在存款帳戶中留點錢，就能感受到滿滿的幸福感。

有非常多精彩的書籍和文章都談到了減少負債、累積存款、謹慎投資、管理稅款、規劃財產等重點[25]。不過，最終的目標都是一樣的：**我們必須掌控自己的財務，才能對自己的生活有更大的掌控權**。當我們的負債減少、存款增加，就能享有更大程度的財務自由。等到退休之時，就是我們人生中最快樂的時候，時間是我們自己的，再也不需要外出工作賺錢。

那麼，**用金錢買到快樂的第二種方法是什麼？平時就去做自己喜歡，而且真正擅長的事情**。這正是戴西和萊恩所說的「勝任」需求，滿足這項需求不應該只是遙不可及的夢想，也不應該是等到我們賺夠錢退休時才能達成的目標，而是應該在我們還有工作時，就要努力達成的目標。我們應該好好地管理自己的時間和金錢，把時間花費在我們認為有趣的活動，然後花錢雇用其他人去做我們認為無聊乏味的工作[26]。下一章我們會詳細討論這部分，還會探討「心流」這個有趣的概念，以及學習區分「外在」與「內在」動機。

第三，金錢可以讓我們有機會與我們在乎的人們一起度過特別的時光。研究顯示，穩固的朋友與家人網絡是快樂的重要來源。即使只是不經意的一面之緣，例如超市的收銀員、停車場收費員、星巴克店員等都能提升我們的社群歸屬感。

我們或許認同強烈的個人主義，認為個人必須為自己的成功負責，不應受到他人的意見所影響。但多數人都是社交動物，需要與其他人建立連結，而且極度在乎自己的名聲。不妨想一想我們為什麼要對只有一面之緣的陌生人表現出禮貌的態度？即使這家餐廳我們就只來吃這一次、以後再也不會光顧，為什麼還是要給予小費呢？

在你搬到其他城市之前，請再三思考，特別是退休後決定做這件事。這背後代表的意義就如同許多中西部學生以為加州人更快樂。我們不應假設亞利桑納州或是佛羅里達州的溫暖氣候，可以彌補我們因為離開密西根的朋友圈而失去的歡樂。

前文提到德州曾針對九百零九位在職女性進行一項調查，觀察他們如何評估平日生活必須執行的十九項活動[27]。結果發現，通勤的快樂程度最低，工作的評分也不太好。究竟是哪些活動讓他們感到快樂？有一一％的女性提到研究人員巧妙稱之為「親密關係」的活動。整體而言，這些親密活動在一天中平均只持續十三分鐘，但這些女性卻認為這是最讓人感到愉快的活動。

排名第二高的活動更有意義，至少對於快樂情緒的影響程度而言是如此。女性給予「下班後的社交活動」相當高的分數，每天平均約花費六十九分鐘在這項活動。與朋友和家人相處是讓人心情愉快的關鍵因素，這一點完全不需要透過學術研究來告訴我們。如果可以和別人一起，我想很少人會願意一個人在餐廳吃飯。同樣地，我們總是希望可以和別人一起看電影、逛街、整理花園或是做些其他活動。

朋友與家人不僅能讓我們更快樂，也對我們的健康有益。二〇一〇年的一項研究蒐集了一百四十八項相關資料，探討死亡率與他人互動頻率之間的關係[28]。研究者發現，擁有穩定的朋友與家人關係有助於延長一個人的壽命，效用等同於戒菸。（但如果我們堅持繼續抽煙呢？根據前述研究，最好的辦法就是永遠都不要一個人抽菸。）

先前我曾提到，我們從體驗當中得到的快樂，大過擁有某項物品。而要從體驗中得到更多快樂，就一定要有朋友和家人的陪伴。當你去健行，找個人和你一起；替你和同事買張演唱會門票；和朋友一起外出享用晚餐；飛越大半個國家去看你的孫子女。

可以確定的是，和家人聚餐或是聆聽一場音樂會，頂多持續兩、三個小時的時間，花費的成本可能不如購買一台平板電腦用來回覆電子郵件、讀電子書、看電影、聽音樂和上網划算。物品通常很容易買到，體驗可要多付出些。此外，支付這些餐廳和家庭旅遊的費用之後，留給小孩的財富也會減少。

不過，**創造與家人之間的回憶，是我認為最好的花錢方式之一**。美國開國至今有四十四位總統[29]。無庸置疑，這四十四位總統已經是某種程度的指標人物。但現在你已經很難找到有人可以念出這四十四位總統的名字，更不用說了解每任總統的故事。連眾所皆知的人都很難達到真正的不朽，更何況是其他平凡人？當人們離世之後的五年或十年，多數都會被遺忘，除了依舊活在家人和至親好友的記憶之中，這也是我們最接近不朽的時候，至少在這地球上是如此。我的建議是：一定要讓人生在世的記憶都是美好的。

第 2 章

賭一把！你的人生還很長

錢可以買到自由

你都有錢了，為什麼不敢做「有錢時想做」的事？

投資是為了人生

買進股票，分析「投資」報酬率

思考「大多數人會怎麼想」

用退休金創造能「活得長久」的保障

絕大多數的人會很長壽，這將會對個人財務規畫產生重大影響。

大約在一萬年前，人類進入開墾農地、種植作物、豢養動物的定居生活。在此之前的一百八十萬年間，人類都在忙什麼呢？他們居無定所，釣魚、狩獵、採集可食用的野生植物。不會去想要馴養哪些動物？或是下一個生長季要種植哪些作物？相反地，人類在歷史上的多數時間，所謂的長期規畫就只是思考晚餐時要吃什麼。

自從我們的祖先開始種植作物，至今已經有一萬年的時間，但是我們高瞻遠矚的能力並沒有長進多少。多數人可以打點好今天要吃什麼以及想好下星期的食物需求。你會稍微看一眼三星期之後要完成的重大工作，然後花點時間上網，蒐集明年夏天的旅遊計畫資訊。但是關於未來幾年的計畫，甚或未來數十年的計畫呢？多數時候，我們只是糊里糊塗地過日子，只管過完今天，卻沒想到未來還有很長的美好歲月在等著我們。

會有多長？如果你是出生於一九〇〇年的美國男性，你的平均壽命是五十二歲。如果是女性，就是五十八歲。到了二〇〇〇年，美國人的平均壽命大約增加五〇%，男性為八十歲，女性為八十四歲。在法國、德國、日本、英國和其他已開發國家，平均餘命通常更長。羨慕嗎？對於那些希望長壽的人來說，見仁見智。

不如以往，人類的平均餘命在二十世紀大幅攀升，很大一部分原因是嬰兒死亡率下降，而不是因為成年人的平均餘命增加。此外，平均餘命增加，不論是男性或女性都多活二十歲的現象主要發生在二十世紀的前半段。自此之後，增加幅度便趨於緩和。美國社會安全局預估，出生於二一〇〇年的美國男性，平均壽命只比出生於二〇〇〇年的男性多七年，女性則會多六年[30]。當然，有可能會因為醫療的進步而改變。但是最大幅度的增加已不可能再出現。或許，我們所有人的曾曾孫平均都活不過一百歲。

但就好的方面來說：活得愈久，平均餘命就愈長。在美國，現年六十五歲的人出生於一九五三年，當時男性的平均壽命為七十三歲，女性為七十九歲。不過這些數字包含了那些活不過六十五歲的不幸人們。出生於一九五三年的人如果活到現在，男性的平均餘命是八十四歲，女性為八十七歲。而英國、其他西歐國家和澳洲，也是類似的人口結構。不要忘了，平均餘命只是中間值，代表有一半的人活到這個年齡或更久。在美國，現年六十五歲的老年人當中，有二五％的人至少會活到九十歲，一〇％的人至少會活到九十五歲。如果你屬於中上階級，那麼你很有可能會過到九十歲大壽。保險公司在計算收入年金所使用的平均餘命，並非是依據一般人口，而是較有可能成為他們客戶，且身體較為健康、生活更富裕的個人。保險公司假定，現年六十五歲的男性平均會活到八十九歲，而女性會活到九十歲[31]。這比一般人口的平均餘命要多三到五歲。但如今，長壽已逐漸被視為是花錢的事，只有生活較富裕的人才會認為自己是享受了更長的退休歲月，生活較不寬裕的人通常較早了斷。

基於前述因素，我們必須改變對於金錢的思考方式。時至今日，我們正參與一項規模龐大、真實且即時的實驗，有數百萬人花費前所未見的長時間在勞動，以及擁有史上最長的退休生活。我們必須思考，是什麼原因讓我們可以快樂地工作四十年或更長的時間？必須思考如何負擔有可能長達二十或三十年、不知會延續多久的退休生活？也必須思考那些空閒時光可以做些什麼？

如果你依循傳統的人生進程，就會認為沒什麼好去想的。根據世俗觀念，成功的人生就是像狗一樣地工作四十年，盡可能存錢，定期把錢放入政府的退休金計畫，或是加入傳統雇主的退休金計畫。然後所有的努力都將在六十歲時有所回報，辦理退休、徹底放鬆，無所事事地過著剩下的日子。聽起來就像幸福快樂的樣版對嗎？但這反倒會帶來更多不幸。我們很可能為存老本而做著厭惡的工作四十年，然後用二十到三十年的時間來消費以休養身心，這絕不是最讓人感到心滿意足的花錢方式。

此外，這種生活方雖然聽起來令人嚮往，但是絕不可能長久。在美國，二〇〇五年平均有四・九名二十至六十四歲的勞動人口，扶養一名六十五歲以上的老年人口，如今比例為三・七比一，到了二〇三〇年將降為二・八比一[32]。記住，就人口結構而言，美國的情況相對較好。聯合國預估，在二〇二〇年，美國平均有三・五名勞動人口扶養一名六十五歲以上人口，英國為三名、法國為二．七名，德國為二．七名，日本只有一．九名[33]。

我們或許會瘋狂地存錢，然後在六十五歲時退休。但是隨著老年人口增加，不是每個人都可以在六十五歲時退休[34]。仍在工作的人口無法生產足夠的產品和服務滿足整體人口的需求。無論如何，我們的退休年齡必須提高。原因可能是投資報酬率降低、通貨膨脹或是國家退休金刪減等，還有其他因素加總，使得社會的老年人口財務壓力大增，被迫留在職場上更長的時間[35]。

這對於我們的金錢有什麼影響？我認為，就財務而言，平均餘命增加隱含了四點意義。第一，**我們必須盡早在成年時做好財務規畫，及早達成某種程度的財務自由**。第二，**我們應該運用這份自由專注於我們熱衷的工作**。第三，**我們應該採取長期投資策略，也就是終身投資股票**。最後一點，**管理財務時不應該擔心自己會早逝，而是要想著未來的你必定會很長壽**。接下來，我們將分別討論這四點。

錢可以買到自由

當我和大學學生談話時，我不會告誡他們要追尋自己的夢想。相反地，我會告訴他們要專心賺錢以及存錢。我甚至會建議他們，**可以刻意選擇比較不有趣但高薪的工作，這樣才能存下第一桶金**。

你可能會覺得這話聽起來實在無趣，而且過於保守。二十歲的年輕人不是應該在背負養家責任以及每月繳房貸的重擔之前，盡情追求自己的夢想嗎？這種說法隱含了「在二十歲時追求夢想，比起等到五十歲時才付諸行動更重要」的假設，但很少有人會仔細想到這點。我認為這根本是無稽之談。事實上，我認為相反的情況才是對的。

請稍微忍耐一下，我得從我為自己挖的坑裡爬出來。

正如同我們在第一章學到的，許多購物行為並不會帶給我們多大的快樂，所以如果你在二十多歲或三十多歲時少花一點錢，也不會失去太多快樂的機會。那些跑車、大房子、電動玩具或許很誘人，但是帶給我們的喜悅卻是稍縱即逝。此外，要儲存三十年退休生活所需的金錢是很困難的事。但如果我們趁早開始，這件事情就會容易許多。我們有更長的時間可以累積財富，而且還能享受長達數十年的投資複利效果。

或許最重要的是，我們可能得花費四十年或更長的時間工作，而且必須為可能發生的變動做好準備。即使我們不是因為全球競爭或是突破性新科技的出現而被迫換工作，但很有可能是我們自己想要轉換跑道。四十年的勞動是一段漫長的時間。我們在二十多歲時進入職場，在當時或許對自己所選擇的職涯感到興奮。但是到了四十歲，這種興奮感或許已消逝不見，我們很可能對工作極度不滿，每天最大的心願就是直奔回家喝酒。想要擺脫這種命運嗎？如果我們在剛進入成年時便及早規劃好財務生活，未來的數十年就不需要太過擔心金錢的問題——**當我們擁有了財務自由，便有餘裕轉換職涯，也許錢不多，但是可以有更多自我實現的機會**。

我曾在前一章提到，投入快樂研究的經濟學家發現，人生的滿意度曲線呈現U

型變化㊱。我們的快樂程度會在二十多歲和三十多歲時逐步下降，到了四十多歲時跌至谷底，而後再反彈回升。之後的人生會是我們最快樂的時候，直到因為健康問題而逐漸下滑。

而呈現U型曲線的背後原因，或許可作為證明中年危機是真實存在的證據。這其實不難理解，中年是我們壓力最大的時期，我們得撫養小孩，但同時還要發展自己的事業，又或許還要照顧年邁的父母。

或者，我們的快樂程度在二十、三十歲時逐步消退，是因為我們漸漸明白，再也不可能達成年輕時的所有抱負，對這世界僅能產生微弱的影響力。最終，當我們明白了這一切，我們的快樂程度又開始回升。

對我來說，第二種解釋更具有說服力。當我們還年輕時，總是費盡心思想要獲得他人的稱讚，極度渴望得到加薪和升遷。幾年前，我的一位同事形容商業世界完全「違反自然」，難怪人們會不開心，而且對待同事的方式與對待朋友完全不同。但當我們年輕時，不認為職場是違反自然的。反而覺得新奇、大開眼界。急著想要找出規則、找到立足之地，證明自己的價值。對於二十或三十多歲的人來說，從事一份相對而言較無趣的工作，或許不是什麼負擔——但如果正好薪資又很優渥，每個月可以累積不少的存款，就財務角度而言，這或許是聰明的決定。

但是在職場工作十年或二十年之後，我們的喜好取向會改變。我們很清楚辦公室規則。我們獲得了些許成功，雖然可能不如先前的期望。我們發現，升遷與加薪，以及我們因此有能力購買的物質商品只能帶給我們短暫的快樂。我們對於職場、辦公室政治，以及頻繁的裁員愈來愈感到憤世嫉俗。如果幸運的話，我們或許已經有了一些存款。隨著財務安全感的提升，賺錢愈來愈不是我們工作的主要動機。最重要的是，我們更加了解自己，也知道哪些事情真正會讓我們感到滿足。

專業心理學家區分出外在動機與內在動機。外在動機可能是蘿蔔，例如可能會加薪；或是棍子，例如害怕被解雇。相反地，內在動機來自於你的內心。可以想見，內在動機有可能是負面的，例如因為吃掉整盒巧克力而產生罪惡感。但內在動機通常被視為是高度正面的——我們並非因為某人拿著蘿蔔和棍子哄騙我們才開始行動，而是因為我們內心有著強烈的慾望。自雇者和小型企業主就是很好的例證，當工作出自於你自己的選擇，而非他人的要求時，就不會感到厭惡。許多大家熟悉的心理學理論，都大力稱讚內在動機。第一章結尾（詳見第六十八頁）時我曾提到，戴西和萊恩的自我決定論提出了三大心理需求：歸屬、勝任和自主。當這些需求獲得滿足，我們就會感受到強烈的幸福，而且更能自我激勵。亞伯拉罕・馬斯洛（Abraham Maslow）提出知名的需求層次理論，最頂端就是「自我實現」，意思是我們的行動並非是受到外部力量所驅動，而是想要實現內在潛能的強烈渴望。內在動機也是米哈里・契克森米哈伊（Mihaly Csikszentmihalyi）提出「心流」概念的核心，所謂的「心流」指的是全心投入某項活動的狀態。我們會在本章稍後（詳見第八十九頁）說明這個概念。

當我們四十歲時，外部的蘿蔔和棍子已不再重要。相反地，我們更容易受到那些讓我們內在感到滿足的活動所吸引。因此，我們不再對工作場所和日常生活抱有不切實際的幻想，我們發現自己正從滿意度曲線的U型谷底向上爬升。聽起來或許有些沮喪，不過這正是成為一位真正成熟、具有自我意識的成年人必經的重要轉變過程。**為了重新獲得快樂，我們必須放下原先一心一意想要獲得外部報酬的渴望，轉而追求對我們自己，而非對他人來說最重要的目標。**

聽起來很合理吧？但不幸的是，目前的研究尚無定論[37]。隨著年紀增長，某些人愈來愈不會受到外部報酬所激勵，而是專注於真正能滿足內在需求的事物。但我們無法確定是否多數人都是如此，我猜，金錢是很重要的因素。許多人在財務上有了餘裕，可以去追求內在滿足的目標。但是其他人可能永遠都做不到，或許他們比較晚才開始存錢，抑或他們沒辦法存錢。可能他們有段時間找不到工作；或他們身體不好，必須支付相關的醫療費用；也可能是他們從來就沒有機會賺大錢。不論是什麼原因，對許多年屆五十或六十多歲的人來說，外部報酬依舊很重要，因為他們別無選擇。

如此一來，談論「自我實現」以及「內在動機」就像是毫無意義的空想，只適用於具備財務能力的個人。這樣的說法當然也沒錯，不過這些觀念全都是立基於一個千真萬確的論點：如果能有所選擇，難道你不想要花時間去做自己熱衷的事情？

而不是去做其他人認為重要的事情，對嗎？

然而對於某些人而言，這種選擇似乎是不對的。他們喜愛自己的工作，追求自己的熱情，但同時也希望獲得高薪。但不是每個人都能這麼幸運，他們年屆四十多歲，曾經陪伴他們度過二十多年職場歲月的工作已不再讓他們感到興奮。他們四處尋找下一步要做什麼，通常會找到一份他們認為有成就感的工作，但是薪水可能不高。想想看，一位投資銀行家成了一位數學老師；企業高階主管辭去職務，加入慈善組織；或是中階經理人創辦自己的公司。就許多案例而言，這些人放棄了安全的工作與高薪，只為了獲得自我的內在滿足。

而且，讓人有成就感的工作也對我們的健康有益。密西根大學的研究員蘿倫·史密茲（Lauren Schmitz）研究了五十歲以上工作者的工作條件與健康之間的關聯。她寫到「如果擁有一份讓人們有機會運用自身最擅長的能力，並能帶給他們成就、獨立、多樣性、權威、創造力與地位的職業，這些人年紀漸長之後的身體的健康狀況也會比較好」，並且指出，效用就如同一星期做三次激烈的運動[38]。

有考慮過中年轉業嗎？許多工作者都有嘗試過，而且大多數都確實轉換了跑道。二〇一五年，美國經濟研究院針對人們在四十五歲以後轉換職涯的原因進行調查。結果顯示，有半數的人表示是為了經濟因素轉換職涯，另外有半數的人表示不完全是財務的關係。八二％的人成功轉換職涯，當中有許多人選擇了可發揮他們多元技能的工作。其中有半數的人收入增加，一八％的人收入持平，三一％的人收入減少。轉換職涯似乎有助於提升人們的快樂程度：六五％表示他們的工作壓力減少，八七％的人表示對於成功轉換工作感到高興或非常高興[39]。

中年轉業有風險，但如果我們從進入職場開始便努力存錢，壓力就會小一些。**我們的儲蓄愈多，就可以有愈多選擇**。**但這並不代表選擇改變時不會有任何壓力**。放棄安全的工作確實讓人焦慮，即便我們並不喜歡這份工作，掙扎做出決定也會讓我們暫時變得不快樂。但這絕對比另一種情況要好得多：如果我們沒有累積足夠的存款，那麼就別無選擇，第二天醒來只能繼續回到令人厭惡的工作。

你都有錢了，為什麼不敢做「有錢時想做」的事？

如果擁有財務自由能讓我們得以去做自己想做的事情，而不是為了其他人，那麼我們會怎麼做？應該會是「放輕鬆」和「獲得樂趣」。而且可以確定的是，如同上一章提到的，投入體驗、和親朋好友相處都能讓人更快樂。不過，我也會專注於去做我真正喜歡的工作。

世界各地的庭園都有設置非常多的長板凳，卻沒有人去坐，這是有原因的。我們與遠古時代以狩獵採集維生的人類祖先一樣，生來就不是為了休閒或放鬆，而是為了生存。當我們投入一項我們認為很重要、感到有熱情、覺得有挑戰、而且是我們擅長的活動時，通常也是我們感到最快樂的時候。這正是克萊蒙研究大學心理學教授契克森米哈伊提出的「心流」概念[40]。

不妨想一下手術室裡的外科醫生，或是沉浸在自己作品之中的畫家或作家，或是高度專注於現場比賽的職業運動員。即使是日常的活動，好比下廚做晚餐、開車上班、計算家庭開支等都會產生心流的狀態，但如果這項工作是我們主動投入，而非被動去做，例如看電視，會更容易進入心流狀態。在我們投入具高度挑戰性、需要高階工作技能的活動時，我們會沉浸於正在做的事情，完全失去了時間感。

就傳統意義而言，在心流的狀態中或許不會讓人感受到「快樂」的存在，畢竟我們不會和好友們放聲大笑，但這時候卻是我們感到最心滿意足的時刻。我們是因為活動本身而享受其中，至於最終的目標已不再重要。我們喜歡進步的感覺，「努力接近目標」的過程本身比起抵達終點更能讓我們開心。現在我們又回到了享樂跑步機：一旦達成目標，短暫的興奮感便會立即被不滿足所取代。

隨著平均餘命增加，工作年限與退休的時間也跟著延長。我們必須擁有不只一項的熱情，度過四十多年漫長的職涯以及二十至三十年的退休生活。我們可以想想小狗的故事，牠每天的生活就是沿街追著車子跑。追逐了許多年之後，牠終於追上一台車，用流著口水的大嘴巴咬住汽車的後保險桿。這時小狗的腦袋浮現一個問題：「那現在我要做什麼？」

對某些人來說，到了四十或五十多歲就會逐漸明白這樣的想法。雖然他們依舊在意工作環境的外部報酬，但是他們體認到，自己再也不需要這些回報。對其他人而言，一旦離開職場就能瞬間領悟這一切。我們每星期辛苦工作四十幾個小時，一年工作四十八個星期，持續了四十年，終於得到那份誘人的大獎：退休。然後呢？退休生活應該是我們人生當中最快樂、最令人滿足的時光。但事實不一定是如此。其中的錯誤就在於：**許多人花費數十年的時間為退休生活做好財務準備，但卻幾乎沒有好好想過空閒時要做什麼**。如果每天只是晚起、看報、打高爾夫球，我們不可能因此變得快樂。我們可能只會高興一兩個星期。時間久了，就會感到不安。許多退休人士發現，無止境的休閒就等於無止境的乏味。

即使是退休，我們仍需要一個在中午前起床的理由，一個讓我們生活有目的的理由。如果這件事可以讓我們賺點錢，自然是更好。雖然務實來說，現在全球有超過七十億的人口，任何人做的任何事情其實沒那麼重要。但我們依舊期望擁有「自己是在花時間做一件重要事情」的感受。我個人認為傳統區分工作（有生產力）與退休（沒有生產力）的方法不適合退休人士。相反地，**退休應該被視為是職場時間**

的延續：我們仍需要一份能自我實現的工作。唯一的差別在於，退休之後的我們再也不需要擔心這份工作的待遇是否夠好。

你有想過退休這件事，並預先思考如何運用退休後的時間嗎？你是否已經步入中年，但仍為了現在的工作忙到不可開交？某些讀者可能已經知道他們想要做什麼，至於其他人或許還需要好好地想一想。什麼樣的工作能讓你感到滿足？什麼樣的事物會讓你進入心流的狀態？在尋找答案的過程中，請先問自己這幾個問題：

- 假設金錢不是問題。你會花時間做什麼事？
- 假設你正在寫訃聞。你希望人們記住你哪些成就？
- 回顧你的人生。什麼時候的你最快樂？以及當時的你在做什麼？
- 想想現在的工作。你最享受工作的哪一部分？
- 想一下你先前放棄的工作機會，原因可能是待遇不好或是不一定能成功。現在你不需要在乎薪水，或是可以接受較少的收入，那麼你是否會重新考慮這些工作機會，讓自己快樂？

或許，你也可以問自己由喬治．金德（George Kinder）所提出的三大問題。金德是《成熟理財七部曲》的作者，以及金德人生規畫研究院的創辦人。金德設計出以下的問題，引導人們思考這一生究竟想做什麼。

- 假設你已經存夠了錢，能滿足你未來人生的財務需求。你會改變你的生活嗎？如果是，你會如何改變？
- 假設以你現在的財務情況，你的醫生告訴你只剩五到十年能活，但是到生命結束前都會過得很好。你會改變你的生活嗎？如果會，你想如何改變？
- 你的醫生告訴你，你只剩下一天的生命。回頭看過去的人生，你錯過了什麼？你沒能成為什麼樣的人？你沒有做到哪些事？[41]

把心力放在你退休後或是在職場剩下的這幾年時間真正想做的事情上，試著測試你的夢想。你可能很喜歡在慈善組織當志工、寫小說或是擔任兒童球隊教練等等。在你辭去工作、全力追求夢想之前，應該要先確認這些就是你想做的事——**想要找到你的夢想，最好的方法就是測試**。

投資是為了人生

很幸運地，我已經說服你在成年後及早存錢，以便能買到財務自由去追求你的熱情。但是你要如何投資呢？不妨看看羅納德．瑞德（Ronald Read）的故事。《華爾街日報》於二〇一五年三月刊登一篇文章，主角正是他[42]。

「羅納德．瑞德或許有好多年的時間都在幫人加油，但是他更擅長為自己的投資組合加油，」文章一開始便如此寫道：「長年居住於佛蒙特州伯瑞特波羅市的瑞德先生，不幸於六月逝世，享壽九十二歲。當他的朋友得知他的資產價值高達八百萬美元時，各個都大吃一驚。他喪妻多年，有兩名繼子女，他將大部分的財產留給一家地方醫院和圖書館。他是如何辦到的？他是一位優秀的選股專家，而且性格節儉、有耐心，因此能享受多年的複利成長。」

我們很難評斷，瑞德的選股眼光是否優於一般水準。但是很明顯地，他具備兩大優勢。第一，他非常節儉，因此存了大筆錢。第二，他活得夠久，所以可享有一年又一年的股市複利。

你也應該買股票嗎？多數人相信，買房比租房更有道理，只要逐步還清貸款，便能擁有一項有價的公開資產。同樣地，如果可以選擇，多數人或許寧可成為一家公司的老闆、而不是員工，因為當老闆可以有比較高的自主性，賺更多錢。

相同的邏輯也適用於投資。我們可以借錢給別人，例如開立儲蓄帳戶或是購買債券。我們允許別人使用我們的資金，然後支付利息給我們。我們也可以成為股東，例如購買股票。我們要如何善用漫長的生命時光以及數十載的投資期限？對我來說答案很明顯：我們應該成為股東，購買分散在全球的股票投資組合。

許多人聽到這個建議可能會因此想起二〇〇〇到〇三以及二〇〇七到〇八年間的股市崩盤。在第一次熊市，如果依據以英國大型企業為主的「富時一百指數」

（FTSE 100）的股價峰谷差來計算，原先投資的十萬英鎊只剩下大約四萬七千元英磅。如果是以美國大型企業為主的「標準普爾五百指數」（Standard & Poor's 500）來看，十萬美元只剩下五萬一千美元。若是以科技股為主的「那斯達克綜合指數」（Nasdaq Composite）計算，情況更糟，十萬美元只剩下兩萬兩千美元。

第二次熊市情況同樣嚴重。如果是富時一百指數，十萬英鎊縮減為五萬二英鎊；如果是標準普爾五百指數，十萬美元剩下四萬三千美元。這些數字不包括投資人運用股息進行再投資所獲得的些許報酬。

但如果我們將眼光從短期的危機移開，轉而關注長期的趨勢，那麼結果就相當驚人了。包括位於芝加哥的晨星公司旗下的伊帕森顧問公司，以及賓州大學華頓商學院金融教授、《散戶投資正典》作者傑諾米・席格爾（Jeremy Siegel）等人，都在文章或書中特別提到驚人的投資報酬。就歷史來看，如果長期持有美國股票，一年的報酬率會比通貨膨脹高出七％。也就是說，如果通貨膨脹為三％，一年的名目報酬率便有一〇％。透過投資複利效果，投資人每年不僅可從投資本金賺取報酬，還包括將前一年投資所得再投入股市之後獲得的報酬，如此一來每七年我們的金錢價值就會翻倍。

藉由長期投資複利，我們便能創造可觀的報酬，不妨試試簡單的練習：在計算機輸入一〇〇〇，這數字代表你的第一筆投資本金，一千元。然後不斷乘上一・一。每乘上一次一・一，你的投資本金就會增加一〇％。第一年，增加的一〇％等於一百元。但是每過一年，一〇％所代表的實際金額會逐漸增加。當你乘上第五十次的一・一，代表第五十年的一〇％年投資利得相當於一萬〇六百七十二元。原本一千元的投資本金，如今已增加到十一萬七千三百九十一元。

買進股票，分析「投資」報酬率

或許，美國股市驚人的長期報酬率正好驗證了「歷史是由贏家撰寫的」。實際的數據也確實支持這樣的說法。根據瑞士信貸出版的《全球投資年報》，自一九〇〇年，美國股市年報酬率比通膨高出六・五％，優於日本的四・三％、瑞士的四・五%以及英國的五・五%。換句話說，如果你的投資組合分散全球，並持有這麼長的時間，那麼你的投資報酬率將比通膨高出五・二%。

但或許，美國股票創下的歷史性紀錄不會再有，因為它反映的是估值成長的一次性利得。衡量股票市場價值最受歡迎的兩大指標分別是股息殖利率與本益比。本益比的計算是將企業的股價除以一年創造的利潤，後者以每股盈餘的方式呈現。一九一三年底，也就是第一次世界大戰開戰前不久，美國股票的股息殖利率為六%，過去十二個月的本益比為十三。到了二〇一七年底，殖利率降至一・八%，本益比將近二十五倍[43]。如今美國股票市場估值飆漲，報酬率很有可能會大幅下滑，因此未來十年其他國家的股市報酬率或許會比美國股市要好。但即使我們假定報酬率偏低，或假定我們沒那麼幸運，只投資全球表現最好的股市，必須分散投資全球，對於抱持長遠投資觀點的人來說，股票依舊相當具有吸引力。

首先，如果要仔細分析全球股市的表現，可參考「摩根指數」（MSCI World Index），它的資料最早是從一九六九年底開始。直到二〇一七年底的四十八年期間，有各種理由告訴你應該要避開股市，包括：石油輸出國家組織的石油禁運以及一九七〇年代通膨飆漲、美國一九八〇年代初期的二次衰退（經濟衰退之後出現短暫的復甦，隨即再度陷入衰退）、一九八七年十月十九日美國道瓊工業指數暴跌二二·六%、一九九七年亞洲貨幣危機、二〇〇一年九月十一日發生恐怖攻擊、二〇〇八到二〇〇九年爆發金融危機等等。但那些挺過危機、持股不放的投資人，也因此獲得了鉅額的報酬。一九六九年底至二〇一七年底，摩根史坦利世界指數上漲五八二九%，如果進行股息再投資，原本一萬美元的投資本金，如今已高達五九·三萬美元[44]。五八二九%的成長率相當於一年上漲八·九%，而美國的通膨率平均為四%。

但要注意的是，未來幾年的年報酬率恐怕會低於八·九%。究竟會低多少？我猜測，長期年報酬率大約為六%，通膨為二%。稍後我會解釋原因。這或許是本書最複雜的部分，但是請稍微忍耐一下，我會試著引導你理解這部分內容。

門外漢看股市績效或許會覺得一頭霧水，但如果將股市表現劃分成三大要素，就清楚多了：殖利率、企業獲利成長率以及本益比。先鋒集團創辦人約翰．柏格（John C. Bogle）運用這三大要素區分股市的「投資」報酬率與「投機」報酬率[45]。投資報酬率包含股息殖利率以及企業每股盈餘成長率。如果盈餘出現成長，企業可提高股息、買回自家股份、擴大營運規模，或是收購其他公司。

當我們買進股票時，我們已經知道會有多少的殖利率。如同先前提到的，二〇一七年底，標準普爾五百指數的殖利率大約為二％。雖然有時股息會減少，不過我們假設標準普爾五百指數的投資人可獲得二％的股息，這是比較安全的預估，當企業獲利提升，發放的股息也會增加。

那麼每股盈餘成長率呢？這就需要一些猜測了。首先我們要預估經濟成長率。在美國，二〇一七年之前的五十年，每年平均實質國內生產毛額（經通膨調整後）為二．八％。二〇〇九年情況最糟，負二．八％；一九八四年表現最好，高達七．三％。不過，在這五十年期間，其中有三十八年經濟成長率介於〇與五％之間。因此，我們或許可稍微安心：由此可見，多數時候國內生產毛額並未偏離長期平均值二・八%太多。此外，有十二年出現異常，其中有九年是發生在頭二十年，自此之後的三十年間只出現三次異常。

但接下來要說的不算是好消息：過去五十年來，國內生產毛額成長率逐漸趨緩。自從二〇〇〇年以來，平均只比通膨高出一・八%。部分原因是二〇〇八到〇九年的經濟大衰退。而這也反映出勞動力成長率趨緩，且不只有美國，所有已開發國家都面臨了相同的人口結構問題。戰後嬰兒潮開始退出勞動市場，由年輕人取代，然而新進員工數量遠不及離開的人數。若考慮到勞動人成長減緩，我們可以預估，未來十年美國經濟成長率會高出通膨二%。如果通膨依舊維持在二%，那麼國內生產毛額成長率將為四%。

企業盈餘成長率也會維持在四%的水準嗎？經濟和盈餘成長率並不會同步。如果企業利潤率下滑或是稅率提高，獲利成長率便會趨緩。此外，我們也必須計算國際經濟成長率。許多美國企業在國外有龐大的業務。如果其他國家經濟成長，也會提升美國企業的獲利。另一方面，即使企業盈餘每年成長四%，但是每股盈餘成長率仍有可能更低，因為企業有可能發行新股，取得成長所需的融資或是用來做為員工的獎酬。根據歷史經驗，企業的每股盈餘年成長率大約低於盈餘年成長率二％，未來有可能會更低，因為現在的企業會透過股份回購的方式，避免股權被稀釋[46]。

你或許發現，預測企業盈餘成長率的作法有些粗略。我們假定盈餘成長率為四％，但也必須承認或許會更高或更低。以現今二％的殖利率來推算，我們預估股票投資的年報酬率為六％，通膨為二％。依照柏格的說法，這就是市場的投資報酬率。我相信，以美國股市而言，這是相當合理的預估，而且同樣適用於分散全球的股票投資組合。其他國家的每股盈餘成長率或許低於美國，不過在二〇一八年，多數國家的預估殖利率比美國高，但是相較於企業盈餘，其實並不算太高。

思考「大多數人會怎麼想」

如果六％的投資報酬率是市場的實質報酬率，那麼股價必須每年上漲四％，每股盈餘年成長率必須達到四％。但是，股價有可能成長如此快速嗎？這就是我們的市場投機報酬率。這裡指的是投資人對於企業盈餘，也就是本益比的估值的變化。如果市場本益比維持不變，股價成長率就會等同於企業盈餘，換句話說，我們的年度總報酬率會接近六%。

但是，市場的本益比不可能維持不變。這時就出現了兩難：為了精準預測股票的市場報酬率，我們不僅要知道當下的股息殖利率，並預估每股盈餘的成長率。同時，我們還必須推測其他投資人會如何投機。這種猜謎遊戲消耗太多投資人的精力，以至於我們忘記了股息殖利率和每股盈餘成長率的基本價值，卻把心力耗損在不斷地猜測投資人的心思是看漲還是看跌。我們每天緊盯著道瓊工業指數持續上下變動，費心預測未來的走勢。

經濟學家約翰．凱因斯（John Marynard Keynes）在一九三〇年代時曾寫道，這種猜測其他人會如何投機的現象，就如同報紙的選美競賽，「參加的人必須從上百張照片中挑出最美的六張臉蛋，最後由挑出最符合所有參賽者平均喜好的人獲勝」。凱因斯解釋：「要贏得比賽，關鍵不在於依據個人最佳判斷，選出最美麗的（臉蛋），甚至不是選出整體認為最漂亮的。我們運用個人的智慧去推測多數人會如何預期多數人的想法，這已經是第三層思考。」[47]

在股票市場，這種瘋狂的舉動常使我們看不清長期的未來趨勢，而且更不幸地，反而讓我們變得更窮。事實上，如果我們是長期投資者，而且多數人都是，那麼投資人的心情變化就如同本益比的漲跌，相對來說並不重要。好比想像自己現在二十歲，正要為七十歲、也就是漫長退休人生的第一個十年做好規畫。或者想像自己七十歲，再努力投資一下，這些財產未來都將留給二十歲的孫女，放到她退休時便可動用這筆遺產。

不論是哪一種情況，我們看的都是長達五十年的投資期限。假設我們有一萬美元的投資本金。如果我們預期投資人看壞股市、本益比將下滑，我們可能會因此選擇投資殖利率三％的債券。五十年後，我們手中的債券價值將高達四萬四千美元。但如果計算二％的通膨率，再折算成美元現值，原本一萬美元的本金五十年後只會增到一萬六千美元。如果再計入課稅，金額會更低。

現在，假設我們手中持有分散全球的股票投資組合。一年報酬率為六％，原本的一萬美元投資本金將會增加為十八萬四千美元，若計入通膨的影響，則為六萬八千美元。但是風險呢？我們假設市場估值減半，本益比從二十降為十。即便如此，五十年後我們手上還有九萬二千美元，或是經過通膨調整後為三萬四千美元。這個數字是我們投資債券時的兩倍，而且我們還假設市場會崩盤。

此外，如果市場估值暴跌，我們還是有可能獲益。多數人不會一次將大筆資金投入股票，然後再也不投資半毛。相反地，我們會逐步買進，同時將每個月的部分薪資存入退休計畫，或是投入我們最喜歡的投資基金。

定期儲蓄再加上股票投資所得，將會創造意想不到的結果。在我們成為投資人的頭幾年，或許看不出來有這個可能性，因為在這個階段，我們的資產組合的成長最主要來自於存款。但是如果我們能持續投資十多年，就會達到引爆點，我們的一年投資所得會開始超越我們每年的存款。我們的資產組合表現將會非常驚人，而且呈現跳躍式成長。但是，如果出現嚴重的熊市，導致我們的獲利成長被打斷呢？只要我們堅持到底、持續存錢，就可在假設市場部分恢復成長的情況下趁機逢低買進。一旦股價回升，便能獲利了結。

我為大學生講授個人理財時，都會在期末考時問這個問題：「**想像你現在二十多歲，每個月要為未來的退休生活存錢。假設未來股票的累計收益相同，哪一種市場績效模式有助於你累積最多的財富？**」他們可以從三個選項中選出一個答案：

A. 現在高報酬率，未來低報酬率。

B. 現在低報酬率，未來高報酬率。

C. 每年報酬率相同。

學生老是會選錯答案。多數人都選C，我猜想部分原因是他們喜歡每年都能獲得相同報酬的這個想法。但是，正確答案當然是B。對於有勇氣持續投入股市的投資人而言，無論發生什麼事，長期的熊市反而是意想不到的賺錢機會，可以趁機逢低買進股票。

不要誤會我的意思，沒有人應該把所有資金投入股市。如果未來五年我們預計會支出一筆大錢，那麼就應該退出股市，轉而投資短期債券、儲蓄帳戶或是其他類似的保守性投資。但大部分的長期資金仍應該投入股市。經濟成長率和股價之間的關係雖然複雜，但是兩者之間確實是相互關聯的。只要經濟持續成長、只要投資期限夠長，便能賺到不錯的報酬。有時，我們的信念難免會受到考驗。這時候就要提醒自己，不要投資短期的變動，而是長期的經濟成長。

當然，經濟和市場有可能出現嚴重的衰退。不妨回想一則虛構的華爾街故事，內容是關於一九六二年古巴導彈危機時期，一名年輕交易員和資深交易員的對話：

資深交易員：「他們說可能會引發核戰。」

年輕交易員：「那我們應該買進債券，對吧？」

資深交易員：「不，我們應該買股票。如果危機和平落幕，股價必定上漲。如果真的發生核戰，那麼不論我們投資什麼，一切都不重要了。」

二〇〇八年底和二〇〇九年初，經濟和金融市場劇烈震盪，接近災難的邊緣，許多人都以為金融業再也無法回復到過去的正常水準。當時我告訴自己這位年輕交易員和資深交易員的對話。**如果全球經濟崩盤，所有的金融資產都將受創，即便握有債券和儲蓄帳戶，恐怕也賺不到錢。但如果最壞的情況沒有發生呢？那麼股票必定會上漲。**

用退休金創造能「活得長久」的保障

如果我們有孩子，或是配偶沒有在工作，一旦我們死亡，家庭的財務便會立即入困境。但當孩子長大離家，或是我們累積足夠的存款，那麼我們的死亡對於家庭財務的衝擊就會小很多。然而一旦我們接近退休年齡，就得努力解決相反的問題。風險不再是我們即將離世，家人將頓失依靠。相反地，**真正重大的財務風險在於我們會活得比預期的還要久，恐怕在停止呼吸之前，我們就已經耗盡所有積蓄。**

但從退休人士的行為看來，他們似乎不認為「活得久」是重大的財務風險。相反地，他們選擇的是彷彿死亡在即的做法。我們可以從兩方面看出。首先是美國政府提供的社會安全退休福利。退休的人可以在最早六十二歲或是最晚七十歲時領取這筆福利津貼。如同日本和英國等其他國家，愈晚申請退休金，每月能領取的金額就愈高。以美國社會安全退休福利領受人的出年份為依據，如果申請年齡從六十二歲延後至七十歲，經過通膨調整後的退休金將會增加七六或七七％。

二〇一六年，申請美國社會安全退休福利的民眾當中，三九％的男性和四四％的女性年齡為六十二歲，這也是有資格申請福利的年齡下限。這個統計數字不包括領取殘障津貼的人，因為他們年屆六十二歲就會被自動轉換至退休福利計畫[48]。如果退休人士在符合申請資格的第一年就開始提領，雖然未來可以持續提領很多年，但是每個月領取的金額較少。這是聰明的決定嗎？如果我們分別比較在六十二歲、六十六歲、七十歲申請領取退休金，哪一種選擇每個月可以領得更多，但領取年限縮短？

為了進行比較，假設我們將運用國家提供的退休金投資風險程度相近的標的。很明顯的選擇之一就是評等較好的債券，可以提供風險相對較低、但穩定的收入。如果我們較早領取退休金，就可以提早買進債券。如果較晚領取，就會延後買進債券，但每個月可以投資較高的金額。

什麼時候延遲領取國家退休金，才能占有優勢？這就要看我們買進的債券能創造多少報酬率。假設一年報酬率高於通膨一到兩個百分點，這正是我們買進優等債券所能獲得的實質報酬。如果我們會活到八十歲出頭，那麼延遲領取退休金對我們比較有利。這個年紀仍低於一般美國退休人口的平均餘命，也低於美國富人階級的平均餘命。此外，根據美國的制度，即使早逝，社會安全福利也不會被取消，我們的配偶可以領取遺屬撫恤金。也就是說：多數退休人士在六十二歲就急著領取退休金，其實不利於他們的財務。

能夠證明退休人士沒想過自己會活得長久的第二個關鍵指標是什麼？根據國際壽險行銷研究協會退休保障研究部門的統計，二〇一七年投資美國即期固定年金的總金額為八十三億美元。聽起來或許是一筆龐大數目。但是，相較於其他金融產品，這筆金額根本是杯水車薪。例如，根據美國投資公司協會的推算，二〇一七年有四七〇八億美元的資金湧入美國指數股票型基金。和國家退休金一樣，即期固定年金可以提供退休人士終身的收入來源。我們將一筆資金交給保險公司，未來每個月他們會支付我們一筆錢，直到我們過世。這和購買債券有些類似，不過仍有一些差異。債券會在固定期限內支付我們利息，到期後便可取回原本投資於債券的資金，也就是債券的本金。收入年金通常沒有本金，但是可以創造更高的年收入。而且發行年金的保險公司保證，只要我們活多久就能領多久。

這是否很類似保證終身收入的概念？在美國，出現了另一個有趣的即期固定年金新變體，那就是長壽保險。我們或許在六十二歲時購買長壽保險。但是，我們不會立即就有收入，而是要活到特定歲數之後才能每個月領取收入，例如八十或八十五歲。這就好比購買即期固定年金，但金額比較便宜，因為頭幾年你不會有收入。即期固定年金可視為債券與保險的結合，以防萬一我們的壽命超出平均餘命。相反地，長壽保險（有時候稱為「延期收入年金」）則是單純的保險產品，讓我們得以避險，以防因為活得太長，耗盡積蓄。記住，不論是哪一種情況，我們賭的是保險公司會遵守承諾付錢，因此選定一家金融實力被評比為優良的保險公司是比較明智的作法，然後再向不同保險公司購買其他年金作為避險。

即期固定年金與長壽保險的設計，是讓退休人士彼此共擔風險。若我們活到八十多歲或更久，每個月就可以持續從這些產品領取收入，我們領到的錢是由其他已退休、但較早過世的年金購買人所資助的。這種風險共擔的概念是解決財務困境的好方法，多數時候我們也很開心這麼做。當我們購買人壽保險或是屋主保險時，就和其他購買人一樣，將一筆錢投入由保險公司管理的基金中。如果房屋被燒毀或是屋主過世，遺族便可以從基金中領取一筆為數不小的理賠金。至於依然健在、房屋完好無缺的人則無法從保單中獲得理賠，他們支付保險費、卻沒有得到任何報酬，但我們不會聽到太多人抱怨。除非，我們談論的是即期固定年金的風險共擔形式。

為什麼人們樂於購買人壽、健康、殘障、汽車和其他保險，卻對即期固定年金的風險共擔有所疑慮？為什麼退休的人一等到符合資格，就急著申請領取國家退休金？過去幾年，我已經聽到各式各樣的解釋。退休的人告訴我，他們之所以立即申請領取退休金，是因為害怕制度崩盤；或有些人相信，如果運用這筆退休金進行投資，就可以獲得不錯的報酬。另外其他人告訴我，他們之所以避開即期固定年金，是因為年金的風評不怎麼好。不過在美國，有負評的多半屬於變額年金與指數年金，這些是完全不同的金融商品，成本非常高，而且產品結構複雜。

退休人士提出各種理由，不願購買即期固定年金，不願延遲領取國家退休金。儘管反對原因各異，但是彼此之間有個共通點：進行財務規畫時必須考量未來他們可能會很長壽，這一點讓他們感到不安。這或許反映出我們傾向於關注未來幾天、幾星期的事情，卻花很少時間去思考明年或之後的事情。正因為這種短視傾向，因此當長期投資出現短期下滑時，我們就會感到恐慌；我們總是在當下花費太多，為未來儲蓄太少。也或許是源自於遠古的本能，我們生來就認定生活是充滿危險、殘酷且短暫的。我們本能地為下一代的幸福擔憂，無法接受購買年金、延遲領取政府福利的想法，萬一早逝，那麼留給小孩的財產就會變少。或是基於以上種種：如果我們退休之後不幸早死，就無法從大筆的年金投資以及政府退休計畫領回大筆的金錢，更何況我們一定會死，因此那樣的想法幾乎行不通。

不論是什麼原因，我們都應該抵抗自己的本能。如果我們不願購買即期固定年金，而是急著領取國家退休金，就無法善用由所有人共享的財務優勢。什麼樣的優勢？我們的平均餘命或許會大幅改善，但是我們不可能長生不老。我們更要心胸寬闊地看待自己的人生，這當中或許有好有壞。但是從財務觀點來看，死亡終將是最大的贏家，然而死亡也能成為有利於我們的投資優勢。

如果我們延遲領取退休金，並在退休的頭幾年動用其他存款支付生活成本，未來就能每月固定領取一筆經通膨調整後仍為數不少的收入。為什麼政府願意每月支付我們更高的費用，目的只是為了說服我們延遲幾年再提領退休福利？因為我們將會愈來愈接近死亡，政府平均只要再支付二十年，而非二十五年的退休金。這筆金額更高且穩定的收入，可以保障我們過著舒適的退休生活，無需背負財務壓力。我的論點是：在美國，如果你是單身、健康狀況良好，或是你已婚、而且是家裡主要的經濟來源，那麼延遲到七十歲再提領國家退休金，就會是你的首要財務目標。其他國家的規定可能有所不同，但是我相信，在許多情況下，人們會發現延遲領取國家退休金是值得的。

我並不想大力鼓吹購買年金。相較於延遲領取政府福利所能獲得的收入，年金所能領取的金額並沒有特別吸引人，而且還得確定保險公司不會破產。但如果你已決定延遲申請國家退休金，以換取每月可以領取更高額的退休福利，同時又希望擁有更多的固定收入，那麼購買即期固定年金以及長壽保險，會是有道理的選擇。

即使你不想購買即期固定年金，這個金融商品倒是驗證了此一說法：**我們終將一死的這個事實，確實能帶給我們財務上的優勢**。不妨這樣想：如果我們不願意購買年金，就必須存到足夠的錢，支付我們餘下生命的生活成本。由於未來充滿不確定，我們應該要確保我們的財務能支持我們活到九十五歲。但如果我們願意購買年金呢？就不需要存這麼多錢，也能創造相同的退休收入。原因就在於，保險公司賣給我們的年金是依據如此的假設：我們和其他購買年金的退休人士將會活到近九十歲。如果我們活得更長呢？保險公司會付錢。

第 3 章

別慌！重新設定你的大腦

二十二項錯誤思維

讓儲蓄變成一件「不痛苦」的事

過去的績效不能保證未來的成功

你看了價格，但忘了價值

像逛街購物一樣思考投資

大腦的先天構造原本就容易導致我們財務失衡，因此理性的財務管理需要強大的心理素質。

多數人理財時會犯下各種錯誤，舉凡花太多錢、存款太少，或是負債太多。當股市下跌，我們便會陷入恐慌；當股價上漲，我們的投資策略又會過於冒險。我們為什麼如此驚慌失措？不要埋怨你的父母。相反地，我們或許應該要怪罪我們的曾曾曾曾曾曾祖父母，也就是以狩獵採集維生的人類祖先。

回想一萬年前，或是人類開始定居、種植作物、馴養動物之前，居無定所的人類祖先會是什麼樣貌？我們今天之所以能夠在這，是因為我們的祖先順利地生存下來，並不斷繁衍。其他物種輸掉了生存戰爭，但是我們的祖先沒有。他們具備什麼樣的特質？我們其實無法確定。

但我們可以憑經驗猜測：只要情況允許，他們就會取得更多資源，因為明天很可能就沒有食物可吃了。他們會模仿其他人，因為追隨群眾是他們學到的生存策略。他們會不斷發展出各種模式，例如標示附近有食物和水源的記號，或天氣即將變天的線索。只要有任何風吹草動，不論是肉食動物的威脅或是食物可能短缺，他們就會迅速反應，因為這些危險有可能導致人類祖先的滅絕。他們會奮不顧身地保護家人和部落的其他人，因為唯有相互依靠，他們的後代們才更有機會存活，確保家族血緣能延續。他們認真工作，努力保全食物和棲身之處；不滿足於所擁有的一切，因為稍有懈怠就可能危及生存。你我和他們並沒有太大的不同。

在某些領域，有部分文獻提到演化心理學，結果引發眾怒，因為內容指出人類只不過是被基因操弄的玩偶，沒有自由意志。我的看法不太一樣。沒錯，我們天生會表現出特定行為，但這不代表我們只能屈從本能。我們可以反抗自己的天生傾向，尤其在管理金錢時，這才是我們該做的正經事。但是不要欺騙自己，這會對我們的心智帶來很大的影響。

二十二項錯誤思維

第一章我們討論了為什麼無法從金錢中獲得快樂，因為我們不知道什麼事情能讓我們快樂。在第二章時我們提到，多數人會活得長久，但是我們做出財務決定時並未考量這項因素。不過，我們所犯的錯誤不僅止於此。

接下來你會看到行為財務專家列出的二十二項錯誤思維[49]。要完全克服這一長串的錯誤似乎太過嚴苛，但若我們希望能有效管理自己的金錢，就必須接受這些令人難堪的真相。是的，我們缺乏紀律，包括花太多錢、負債太多、存款太少。我們無法預測市場的短期走向（長期的預測能力更是奇差無比），卻根據這些無用的預測定期買賣股票。我們投資了一輩子，卻幾乎沒有任何一筆投資的績效優於市場平均。但是，我們卻擁有超乎尋常的自信心，持續不斷地嘗試。

研究人員歸納出的錯誤思維清單，多半與儲蓄和投資相關，另外有一些則是和買房、領取國家退休金以及負債等有關。但這不代表我們在其他領域所表現的財務行為就會比較理性，關鍵在於研究人員能否取得需要的資料。股票市場每天有數十億股的交易，學術界可以取得大量資料進行計算。然而其他個人財務領域並無法提供如此大量的數據資料。

當你讀到這一串清單，你或許會看到朋友和家人曾犯相同的錯誤，或你自己可能也曾做過這些錯事。不是每個人都會犯下所有錯。但這些錯誤相當常見，而且不斷出現，因此我們不能認定這只是少數不理性的人所會犯的錯。不論我們再怎麼努力，都無法做到傳統經濟學理論所說的「經濟人」那樣的冷靜與理性。但若想要改善金錢管理的成效，仍得先了解阻礙我們的二十二種錯誤思維。

一、**我們太在意短期的結果**。專家們不斷告誡我們要努力存錢與投資，二十年或三十年後便可輕鬆退休。但我們依然故我，幾乎只看得到此時此刻與此地。是否有非常想要購買的新玩意兒？如果要說服我們延遲一年再購買，就得提供豐厚的財務誘因。我們也會過度受到近期事件所影響，包括最新的政治新聞、新公布的經濟數據以及金融市場的即時漲跌。我們重視的是未來幾天和幾星期以內的事情，卻不怎麼在意未來一年，更別提未來十年的事。

二、**我們缺乏自我控制**。我們的儲蓄率之所以嚴重偏低，部分原因是我們只看重眼前的一切，也反映出我們缺乏自我控制。我們的祖先不需要為未來的退休生活存錢而費心限制自己的消費，但我們確實需要自我控制，即便對多數人來說，這是一輩子要努力克服的難題。

三、**我們相信投資成功的祕訣就是認真做功課**。我們認為，只要採取行動就會成功，不論是認真閱讀企業年報或是在一天之內頻繁交易。這些行動或許會讓我們誤以為可以掌控投資結果，但事實上有可能傷害我們的投資績效，因為這麼做不僅增加了交易成本，而且往往會將大筆資金投資於少數標的，讓我們的投資組合過於集中。

四、**我們相信未來是可預測的**。回顧歷史，科技股很明顯地歷經一九九〇年代末期的飆漲之後，隨即暴跌。同樣地，二〇〇〇年代初期的房地產泡沫破滅也不令人意外。事實上，我們確定自己早已預知這兩次的市場崩盤。但真的是這樣嗎？這種現象正是所謂的事後諸葛。我們忘了當時面臨的不確定性，更忘記事後證明過當時的預測完全錯誤。我們對於過去的記憶相當不精確，同時錯以為未來的事件是可預測的，但事實並非如此，最終做出了讓自己後悔莫及的大型投資決策。

五、我們以為看到了模式，但事實上並不存在。當我們瞬間發現市場突然轉向或是發現一間新公司，就會開始尋找各種類比。例如，當我們看到股市飆漲，擔心又將進入熊市，因此可能會想「這是一九九九的翻版」；發現一家公司研發出非常熱門的新科技，因此認為「這家公司將會是下一個蘋果」；當金融市場上下震盪，便推測近期將可獲利了結或是市場將出現反轉。推斷近期將可獲利了結的人，可能假設市場將持續上漲，因此投資更多；或是假設市場將走跌，因此感到恐慌，急著出脫持股。預期市場將出現反轉的人，可能會等到市場處於低點時逢低買進，一旦價格開始回升便迅速拋售。

六、**我們厭惡損失**。研究顯示，我們因為損失而感受到的痛苦，相較於因為有獲利而感受到的快樂，前者的感受程度是後者的兩倍。假設我們參加擲硬幣猜謎，賭金為一千元。如果我們沒有猜對是正面或反面，就會損失一千元。那麼，贏家可以得到多少獎金，我們才願意參加？一千元的獎金自然是相當合理。但是為了引誘大家參加，贏家獎金可能提到兩千元或更多，這反映出我們有多麼痛恨金錢損失。厭惡損失的心理有助於解釋為什麼長期以來儘管股票的長期報酬豐厚，但是投資人仍寧願避開股票。

七、**我們拋售會賺錢的股票，卻死抱著會虧錢的股票**。投資人多半是趨避風險的性格，但形容他們是趨避損失或許更為貼切。當我們面臨虧損時，可能會願意承擔額外的風險以彌補損失，例如，假設某檔股票市值下滑，我們可能會買進更多，有時稱之為加碼下注，目標是在離場前達到損益兩平。我們不願意脫手，除非股價回升到當初的購買價，或是非常接近當初的購買價，然後告訴自己已經損益兩平。

這不僅僅是金錢虧損的問題，也是有失面子的事情。如果我們繼續持有，就可以安慰自己「這只是帳面損失」；一旦出售就等於被迫承認我們犯了錯，還得承受懊悔的痛苦。

然而，通常比較聰明的做法是接受損失。根據不同國家的稅務法規定，或許可以利用投資虧損降低所得稅負擔。但我們寧可繼續持有股價下跌的股票，甚至急著出售股價仍在上漲的股票。為什麼？很可能只是出於驕傲。當獲利變現，我們就會感到開心，即使出售持股意味著會有交易成本產生，而且如果是在交易所得必須課稅的國家，可能還得支付大筆的稅款。

八、**我們過度自信**。多數人相信自己的駕駛技術優於一般大眾，比多數人有智慧，而且長得比別人好看。這不必然是不好的個性，樂觀且自信的人通常比較快樂、比較能應付壓力，而且在所選擇的工作崗位上也更容易成功。但現實畢竟不同於蓋瑞森．凱羅爾（Garrison Keillor）小說中居住在烏比岡湖小鎮的兒童（在蓋瑞森．凱羅爾的小說中，烏比岡湖小鎮上的兒童比所有普通小孩都還要優秀），我們不可能事事都高人一等。過度自信會成為投資的阻礙，它會導致我們頻繁交易，讓我們自認為可以打敗大盤，資金過度集中在少數投資標的。

九、**我們將獲利的投資歸功於自己，將虧損的投資歸咎於他人**。如果我們買進某項投資，而後價格上漲，我們便將一切歸功於自己聰明的決定；如果價格下滑，這一切就是證券經理人、政府裡的庸才，或是電視名嘴的過錯，是他們讓我們信以為真。這種將功勞歸於自己、過錯歸於他人的錯覺，讓我們無法從錯誤中學習，只會更加膨脹我們的自信心。這也可以解釋，為什麼股市上揚時我們會看到明顯的從眾效應。當股價上漲，愈來愈多人賺到錢，因而增加了他們的信心，更願意冒險。再加上所謂的「賭資效應」，對於風險的胃納就愈高。這就好比賭場內的賭客，傍晚時幸運贏錢，就以為自己比其他人高明，決定冒更大的風險。

十、**我們的風險容忍度會發生變動**。當我們建立投資組合時，常被告誡說要仔細考量可以容忍多高的風險，再決定該投資多少在股票與債券市場。問題是：我們的風險容忍度並非固定不變，我們現在開心建立的投資組合，一年後可能會讓我們陷入困境。

為什麼我們對於風險的承受度會發生變化？原因就在於前述提及的許多錯誤思維。當股市下跌時，我們可能預期市場將持續走低，因此感到恐慌而拋售股票；或是另一種情況，我們可能會買進更多股票，因為預期市場將反彈回升，或是因為預期虧損所以加碼買進股票以彌補損失。如果市場走升呢？我們可能會出脫持股，希望就此獲利了結，或是預期市場將會反轉而下；另一方面，我們也可能投入更多資金，因為認為「趨勢會站在我們這一邊」，甚至可能因為賭資效應而投入更多資金到股市。

十一、**我們會鎖定特定價格**。假設我們聽聞鄰居的房子兩年前出售的價格是三十萬英鎊，即使房地產價格在這兩年已出現下滑，我們仍可能會認定自己的房子至少也要以這個價格出售。或者我們曾擁有股價高達五十英鎊的某檔股票，但自此之後便一路下滑至三十英鎊，我們可能仍會堅持五十英鎊是底線，拒絕以較低的價格出售。

十二、**我們會為了糟糕的決定而尋找各種理由**。我們通常不願承認與改正自己的錯誤，會編造故事好讓我們的錯誤決定看起來更為合理；甚至會扭曲關於這個決定的相關記憶，所以我們總是記得自己的行為是合乎情理的，但事實不然。我們之所以感到不安是因為認知失調，為了逃避不舒服的感覺，我們必須調和兩種相互矛盾的想法。「我剛才做了愚蠢的財務決定」這個想法可能會與「我很懂得理財」的想法抵觸，因此我們努力想要找到方法，讓這個愚蠢的財務決定看起來更有智慧。

十三、**我們偏愛熟悉的投資**。包括我們任職的企業、相同產業的競爭對手、總部位於我們家附近的企業，或是我們常用的產品的製造商等，這些公司都是我們相當熟悉的，因此擁有這些公司的股票讓我們感到放心，但往往承擔了不必要的風險，成了糟糕的投資組合。

十四、我們比較看重已經持有的投資標的。這就是所謂的「稟賦效應」。為什麼我們會特別看重某些投資，不願脫手？或許是因為熟悉感；或許是出於某種承諾，選擇某個投資標的，然後出錢支持；或許我們是聽了我們喜歡的人的建議，或是繼承父母的投資，因此對某項投資有了特殊情感。

十五、我們傾向不作為勝過有作為。如果我們沒有出脫某檔股票，隨後股價下跌，我們可能會踢自己一腳。但若我們真的賣了股票，然後股價大漲，心中的悔恨感絕對會大過前者。這種害怕採取行動之後將導致更糟糕的結果，就是所謂的「現狀偏差」。

十六、我們發現故事比數據更有說服力。學術研究顯示，雖然成長型股票的企業不論是盈餘和營業額都成長快速，價值型股票（也就是依據本益比與殖利率等市場指標來衡量，價格相對便宜的股票）表現仍會優於成長型股票。不過，學術研究終究敵不過一個好的故事，我們總是會被看來酷炫的創新概念以及熱情的顧客所吸引。成長型股票給了我們做夢的機會，我們會想像未來股價將成長一〇〇%或二〇〇%，期待的心情總是比實際賺到錢更讓人感到快樂。這就和度假一樣，想像自己即將要到某個地方旅行，永遠比實際踏上旅程要讓人興奮。最重要的是，成長型股票提供了吸引人的報酬結構：就像是中了樂透彩券，你的投資將較於可觀的報酬，實在是微不足道，即使多數時候，我們往往落得兩手空空的下場。

十七、**我們會依據容易回想起的資訊做決策**。飛機失事成了熱門新聞，所以即使車禍導致的死亡人數高於飛機，我們仍害怕搭飛機勝過開車。同樣地，我們聽過許多關於投資傳奇華倫·巴菲特（Warren Buffett）以及許多樂透彩券得主的新聞，所以覺得打敗大盤以及贏得彩券似乎不是難事，但事實並非如此。

十八、**我們更看重那些與我們原本所相信的事實立場一致的資訊**。同時，我們會懷疑與我們的信仰有所抵觸的資訊。特別是看好或看壞股市的投資人，更常犯這種錯誤。看好股市的人會找到支持他們樂觀想法的各種理由。那麼看壞股市的人呢？他們只看得到反面的證據。我記得曾經收到《華爾街日報》讀者來信爭辯，其中一封信指出多數股票在過去一年最高點與最低點之間存在巨大落差，他認為這證明了想要在股市賺錢簡直是輕而易舉的事；另一位讀者也指出了相同的現象，卻認為因此證明在股市虧錢是多麼容易的一件事。

十九、我們相信「大多數」。只要去買「每個人都在買」的投資標的，就不需要太過擔心這筆投資。但是，這麼做會影響我們的投資報酬率。當你在挑選餐廳或電影時，人氣或許是很好用的指標，但如果是選擇投資標的，很可能會成為一場災難，因為我們會發現自己買進了價格過高的投資標的。

二十、我們的財務決策不僅僅出於財務問題。就好比我們購買日常用品一樣，財務決策也會產生三大效益：功利（可以為我做什麼）、表現（反映我是怎樣的一個人）、與情感（讓我產生什麼樣的感受）。但是當我們在管理財務時，必須堅持目標是「功利」，我們要的就是賺錢。但很多時候我們做決定是為了表現或是情感理由，這些動機會傷害我們「累積更多財富」的既定目標。我們可能會因為投資避險基金或是雇用私人投資經理人而感到引以為傲，儘管高昂的費用讓我們很難創造優於大盤的報酬；我們買進某檔基金是因為它專門買進重視社會責任的企業股票，並覺得這是好事；我們可能因為頻繁交易而感到興奮，這種交易行為會產生第二章所說的「心流」狀態，我們開心地沈浸在頻繁的股票交易中，即使這麼做非常不利於我們的財務；同樣地，我們會因為買進成長型股票以及首次公開上次股票而興奮，想像未來可獲得鉅額的報酬[50]。

二十一、**我們會受到心理帳戶的影響**。這有三種解釋。第一，我們會將財富分成三種不同的心理帳戶，而且以不同的態度看待這三種帳戶。例如，我們會開開心心地消費銀行帳戶裡的錢，但是不願出售持有的基金，除非在非常緊急的情況下。

第二，我們會遵循專家的建議，分散投資。但是我們並不會關注整體投資的績效，因而浪費了分散投資所產生的「情感」效益，只因為我們過度在意個別持股的表現。

第三，我們要清楚區分投資收入以及出脫持股所獲得的收入。還記得嗎？有句老話是這麼說的，「不要蝕本」。因此，退休的人通常會高興地花費股息和利息，卻不願出售任何股票和債券。這種心態使得退休的人多半會買進高收益投資，並因此承受了比他以為還要高的風險。

二十二、**我們會受到問題陳述方式的影響**。在美國，許多企業的退休計畫已不再是詢問員工是否要提撥；相反地，他們會詢問員工是否選擇不參與。如果我們夠理性，無論問題如何被陳述，都將不會受到影響。但在前述的情況中，卻造成完全不同的結果。如果你問員工，是否要退出退休計畫，這種問法看準的是人們的惰性，而且假設參與計畫才是正常狀態，結果會有更多的人為了退休生活努力存錢。

同樣地，我們會因為投資獲利與虧損的說法不同而受到影響。我們可能會被告知：「過去五十年間，有七五%的年份，股票是賺錢的。」或者被告知：「過去五十年間，有二五%的年份，股票是虧損的。」這兩句話說的其實是同一件事，但是第一句話讓股票投資變得更有吸引力。另一個典型的案例是：如果人們先被問到是否有伴侶，然後再被問到是否覺得快樂，結果顯示出「有另一半的人」比較有可能會回答他們很快樂。但如果沒有先問對方伴侶問題，那麼「是否有伴侶」兩者之間的快樂程度不會有如此大的差異。

讓儲蓄變成一件「不痛苦」的事

就和許多關於金錢以及快樂的研究一樣，行為財務學的研究結果也相當值得深思，因為聽起來就像是真的。當我們靜下來好好思考金錢和快樂的關係，就會發現兩者之間的連結相當薄弱。同樣地，儘管我們總認為自己是理性的，但也知道市場的動盪會擾亂我們的思考，也知道我們的花費常會超出原先的規畫。

所以，我們要如何讓自己盡可能地保持理性？專家已經發現許多人類常犯的錯誤思維，其中有三點我認為特別難克服。第一，我們缺乏自我控制，這代表我們常過度消費、累積過多負債。第二，我們對於自己的投資能力太過自信，因此太頻繁交易、購買主動式管理基金、做出大筆投資賭注，努力想要獲得優於大盤的高額報酬。但這樣的自信很容易導致第三個問題：當市場走跌，我們往往太快改變想法，部分原因是我們不願意承擔虧損。

我們要如何克服這些特質、如何重新塑造我們的大腦，才能獲得財務的成功？我認為，我們必須壓制自己的本能，並努力養成三種理財習慣：努力存錢、保持謹慎的心態、訓練自己只專注於股票市場的基本價值。不過要確實做到並不容易，接下來我將分篇說明這三種習慣的幾個養成關鍵。

養成存錢習慣，**第一個也是最重要的關鍵：即使是市場下跌，我們仍能堅守理性的投資策略**。但是除非我們投資足夠多的金錢在股票市場，否則我們的投資所得也無法轉化為實質的財富。這時就需要有良好的儲蓄觀念。

這些觀念並非自然而然形成。當我的小孩還小時，我們通常會在郊區住家附近的地區散步，他們會看到一棟棟偌大的房子，四周是修剪整齊的草坪，男主人或女主人的奢華德產車就停在車道上，我的小孩會大聲說：「哇，他們一定很有錢。」這時候我就得以父母的口吻對他們說：「這不代表他們很有錢，而是代表他們花很多錢。」接著我得舉例，像是他們可能為了這間房子背負沈重的房貸，車子可能是租來的，園藝師可能等著他們付款。

我們將習慣財富與對外展現的奢華聯想在一起，這再次證明天生的本能會導致我們失敗。過去數十年來，不論在《華爾街日報》或是花旗集團，我曾與上千名擁有一百萬美元以上投資組合的普通投資人會面與通信。許多人的薪水收入普通，大多數都是平凡的投資人。但他們幾乎都有一個共通點：非常節儉，也可以說是小氣。在你住家附近最有錢的鄰居，他們的房子通常很普通，而且開的是二手車。他們累積了大量的財富，因為他們不愛花大錢，他們的花費遠低於他們的收入，同時又很努力存錢。

這正是暢銷書《原來有錢人都這麼做》的主題，這本書的作者是湯瑪斯．史丹利（Thomas J. Stanley）和威廉．丹柯（William D. Danko）[51]。書中所描述的內容讓許多人大開眼界，大家開始用「隔壁的富翁」來形容美國社會上擁有驚人財富的富人階級，這群人在社會上幾乎是隱形人。除非我們能看到他們的財務報告，否則絕對想不到他們究竟多有錢。過去的每天我與不少百萬富翁碰面，這些有錢人多數不太相信「擁有愈多物質享受愈好」的觀點，對於有些人將自尊建立在穿著設計師服飾或是擁有最新款電子產品的行為，有錢人們也感到相當不解。

後來，史丹利又出版另一本書《別再表現得像是有錢人，開始過得像真正的百萬富翁》[52]。在這本書中，史丹利針對可投資資產達一百萬美元以上的投資人的消費習慣，整理出以下統計數據：

- 不曾擁有一艘遊艇：七〇%
- 不曾擁有一間度假小屋：六四%
- 最夠一次購車時最受歡迎的車廠：豐田
- 在最常去的那家餐廳吃晚餐的中位數價格：二十美元
- 男性剪髮的中位數價格：十六美元
- 招待客人時喝一瓶酒的中位數價格：十三美元[53]

史丹利說得很清楚，想要致富沒有祕訣，我們必須要做的就是省錢。雖然累積財富的作法真的很簡單，但是很難做到。自一九九七年起的二十年間，美國每年的儲蓄率僅占可支配個人所得的四．九％，遠低於專家的建議。「當下的自我」與「未來的自我」之間的戰爭，如今呈現一面倒向「當下」的態勢。我們要如何讓競爭變得公平，讓未來的自我也有反抗的機會？其實及早且定期存錢，不僅可避免一輩子為財務問題煩惱，還可享受數十年的投資複利，為自己買到財務自由，追求自己的夢想，確保擁有舒適的退休生活。這是我們可以成為存錢高手的充分理由，同時，如同我們在第一章學到的，現在少花點錢其實算不上是犧牲，因為大部分的消費並不會帶給我們太多的快樂。

但是，保持理性仍不足以彌補我們缺乏自我控制以及在當下盡可能消費的本能。該怎麼辦？不妨考慮採取兩段策略。首先，我們應該盡可能將生活成本降到最低，才有可能存到錢。這裡指的是經常性支出，例如房貸或租金、汽車費用、雜費、水電費、保費等。尤其要特別注意房屋和汽車的支出，因為這兩者的費用通常占家庭整體支出的一半。如果這些費用和其他固定成本過高，那麼無論我們再怎麼努力，都不太可能存到太多錢。我猜想，許多人或許預計存更多錢，但是做不到，是因為他們的固定成本太高，所以無法達成。我的建議是：總固定成本應占稅前收入的五〇％以下。

第二個關鍵是，我們應該想辦法讓儲蓄變成是一件愉快的事情。在美國、英國和其他國家，最聰明的策略就是，在我們把每月的薪水花掉之前，盡可能提撥最高比例的金額存入公司的退休計畫，這就是典型的「先支付自己」的概念。如果我們希望儲蓄的金額大於公司退休計畫所能容許的額度，或是我們的公司沒有提供退休計畫，可以選擇每月自動投資一到兩檔投資基金，投資資金可直接從我們的銀行帳戶中扣除。

我們可以將每月繳交房貸的金額調高，例如原本每月繳交一千三百二十三英鎊，改為一千四百英鎊，這樣就可以縮短還清房貸的期限。另外，我們應該將所有意外之財全部存起來，例如退稅金、自由接案的收入、保險理賠金以及年終獎金。這些金錢並非是固定收入的一部分，換句話說，我們輕輕鬆鬆地就擁有了額外的儲蓄來源。

這些習慣將會根深柢固，它所產生的財務效益也會如滾雪球般迅速累積。我們的投資組合將會擴大，我們對於財務的掌控度也會提升許多。此外，我們還可以享有三大效益，即便很少有人意識到這些效益。第一，**一旦我們降低固定成本，不僅可以存更多錢，手頭上也可以有更多金錢用於自主性消費**。舉凡外出用餐、旅遊或是進行有趣的體驗，好比音樂會和遊樂園，這些活動都能帶給你滿滿的快樂。

第二，**如果我們習慣了生活成本遠低於收入的日子，等到退休時，不需要太多的積蓄也能過得很舒適**。根據經驗法則，退休之後我們需要的收入相當於最後一份薪水的八〇%。但如果我們定期將收入的二五%存起來，而非一般建議的一〇%，就會習慣依靠更少的薪資收入過日子。到了退休時，或許我們只需要退休前收入的六五%，就能舒服地享受生活。

第三，**如果在二十幾歲時就過著節儉的生活，日後便能享受到生活水平逐步提高所帶來的快樂感受**。如果一開始你只能坐經濟艙，到後來終於負擔得起頭等艙，坐在飛機前端會讓你感覺自己就像是貴賓一般，受到特別的招待。但如果我們一開始就坐頭等艙呢？感覺就沒有那麼特別了，萬一退休後，微薄的積蓄迫使我們必須坐在飛機的尾端，只能坐在便宜的座位上真的讓人很沮喪。

過去的績效不能保證未來的成功

只要認真做功課、具備實戰智慧，或許再加上些許的運氣，我們就可以選出對的股票和基金，進而打敗大盤。這是非常有吸引力的投資夢想，甚至支撐了包括投資電子報、專業基金經理人、理財網站、有線電視頻道、市場策略家、證券分析師、高檔投資研究公司、理財電台節目等整個產業的發展。這些人費盡心思要讓這個投資夢持續存在，因為這是他們賴以生存的工具。

但是，這個夢想早該在數十年前就破滅。一九七〇年代之前，機構和個別投資人以為，他們的基金經理人可以打敗大盤。在美國，如果投資人將他們的投資組合與大盤指數進行比較，他們通常是看道瓊工業指數的股價變化。也就是說，股息不包括在內，但是就歷史經驗來看，股息占市場總體報酬的比例將近一半。「任何我們現在想到的績效指標都是非常原始的」，當時我為了完成一篇報導而採訪經濟學家，也是暢銷書作者彼得・伯恩斯坦（Peter Bernstein），他說道：「在我們的投資組合當中，每個人都持有債券，然後我們將自己的投資組合績效與道瓊工業指數進行比較。這真的太荒謬了，卻沒有人告訴我們。」[54]

之後三大事件發展戳破了專業基金經理人打敗大盤的迷思。首先，在一九七三至七四年的熊市年間，許多基金經理人表現不佳，很大一部分原因是他們過度追捧「漂亮五十」成長型股票，市場崩盤時這些股票受創最深。第二，科技的進步讓投資人可以更方便計算市場指數的報酬率，例如標準普爾五百，投資人可以更準確地比較他們的基金經理人與大盤的表現。第三，或許是最重要的，投資人和學術圈開始更密切地觀察經過稽核、有公開資料取得的特定基金經理人（也就是掌管美國共同基金的經理人）的績效。一直以來，私人基金經理人習慣操弄結果，排除某些投資標的的績效或是沒有扣除管理費用，好讓自己的操盤績效看起來比實際要好。華爾街專業人員常苦笑說，每位基金經理人都宣稱自己的投資績效排在前四分之一。

在美國，共同基金的數據資料很難維持隱密。當然，資料可能會面臨所謂的「倖存者偏差」，表現不佳的基金會被清算或是與其他基金整併，因此投資紀錄很容易消失。另外，還有所謂的「育成基金」，如果績效良好就會開放給一般大眾投資，但如果績效不佳就會悄悄結束。不過，儘管存在這些問題，共同基金依舊是許多研究人員蒐集數據的主要來源。最明顯的研究動機是：基金經理人的表現確實如他們所宣稱的打敗大盤嗎？答案肯定是「沒有」。一份早期的研究分析了一九四五年至一九六四年間、總計一百一十五檔共同基金的表現[55]。結果顯示，相較於單純地買進與持有市場指數的股票，這一百一十五檔基金的績效並沒有比較好，即使不扣除每檔基金的營運費用，結果依然不變。當然，這一百一十五檔基金當中，有些基金表現確實不錯，但是並沒有比你原先依據機率所預測的結果來得好。

由於愈來愈多證據顯示多數共同基金的表現不佳，因此不論是個人或機構投資人，對於指數型基金的興趣愈來愈高。一九七六年，先鋒集團發行美國第一檔指數型基金。指數型基金會買進多檔或是所有市場指數的證券，目的是希望複製大盤的表現。但是，這些共同基金幾乎從未達成這個目標，原因就在於投資成本。不過，這些投資成本不高，因此與大盤的表現相較也不至於落差太大，而且遠低於多數主動式管理基金，後者每年的營運費用更高。

有好幾年的時間，私人基金經理人和其他人都對指數型基金嗤之以鼻，不過他們也表示，主動式管理基金無法代表整體的基金管理產業，因為共同基金都是由二流選股人操盤。但是，這些說法根本站不住腳。許多退休金基金、捐贈基金和其他機構投資人在仔細觀察基金經理人的操盤績效之後，發現結果並不如預期，因而轉向指數型基金。個別投資人也得出類似的結論，近幾年指數型基金吸引了數兆美元的資金，全球每天有大批投資人放棄主動式管理基金。至於那些比共同基金經理人聰明許多的私人基金經理人，他們的態度又是如何呢？許多人決定成立自己的共同基金，但表現也只不過是普通水準。

如果你想要知道真實的情況，可以參考標準普爾道瓊指數公司定期公布的研究報告。這份名為「標準普爾指數投資與主動投資業績對比」的研究報告，比較了美國主動式管理基金與相對應的標竿指數的表現。以十年數據來看，頂多只有二〇%的主動式管理基金的表現優於同類型的標竿指數[56]。如果說這些基金經理人過度自信，但是有五分之一的機率績效會優於大盤，聽起來好像也沒那麼糟。

但是，如果你希望績效打敗大盤，就會面臨另一個頭痛問題。**歷史紀錄雖然能告訴我們過去誰是贏家，卻無法告訴我們未來誰會是贏家**。你可能選擇過去五年績效在該類別排名前二五%的股票基金。但是，根據標準普爾道瓊指數定期公布的研究報告，這些基金當中僅有四分之一在下一個五年仍會在前二五%。如果說基金經理人的操盤績效是隨機的，也就只能期待這樣的結果[57]，過去的績效並不能保證未來的成功。

許多投資人很難接受這樣的結果。面對市場的不確定性，他們希望有掌控感，主動管理自己的基金。他們相信自己有能力看得出誰是贏家，也能預測市場未來的走向。他們相信自己可以成功，因為他們比其他人聰明、而且更用功。他們無法接受未來是不可知的，更無法接受只要分散投資、購買指數型基金，就能賺到錢。

然而，分散投資才是我們應該要做的。投資的邏輯很殘酷，如果不計算成本，投資人整體的報酬應該會與市場報酬相當。但是如果計算成本，投資人的整體報酬必定會落後市場。事實上，投資人整體的報酬與市場之間的落差，就是我們在投資時所產生的成本。主動投資者當中只有少數人運氣夠好，在這一年有機會打敗大盤。但是，不太可能每年的投資都這麼好運。如果我們主動管理自己的投資組合，希望能打敗市場平均表現，那麼每年會產生一筆投資成本，相當於投資組合價值的二％。長期來看，這正是我們每年獲得的投資報酬與市場之間的差額。

另一種可能的情境是：買進分散全球的股票和債券，創造相當於市場的報酬，然後減去投資本所造成的些微損失。主動投資人的報酬每年平均落後市場二％，而指數型基金僅落後〇．一％。如果買進和持有指數型基金，我們的投資績效必定會比隔壁股民要好，但是我們也因此失去了打敗大盤的機會。這樣聽起來似乎不怎麼讓人覺得特別興奮。**不過別忘了，投資的目的本來就不是為了快樂。投資最終的目**

的是獲利。

身為投資人，我們的目的不是要打敗大盤，證明自己有多聰明或是成為此地最有錢的家庭。相反地，我們的目標是累積足夠的金錢，支付房屋開銷、小孩的教育以及我們自己的退休生活。放棄打敗市場的想法，分散投資指數型基金，保持謹慎與平靜的心情，才更有機會達成這樣的目標。溫順的人或許無法繼承土地，但是他們能過著舒適的退休生活。

你看了價格，但忘了價值

當我們買進股票或是投資基金，這代表我們推測在未來某個時間點，股票或基金的價值會更高。買進的當下我們滿懷希望，誰會知道我們能賺多少錢呢？然後，很快地認清現實。我們可以將投資視為兩種資訊的相互對抗：我們認為某一筆投資應有的價值，以及市場反映的價值。

不幸的是，市場往往占了上風。市場脅迫與引誘我們，使我們改變心意。當整體市場上揚，我們的期待也隨之提高，我們想像不久之後手中的股票和基金的價值會高於原先預期。然而，一旦股價下滑，我們就開始懷疑並思考，剛剛買進的股票價值是否遠低於我們所以為的水準。價格的震盪擾亂了我們的思緒，我們的自信心隨著上下起伏，害怕損失的恐懼感愈來愈強烈。我們以為可以從市場毫無規則的價格波動中看出固定模式。

之所以會產生這樣的想法，只能怪罪於我們的更新世大腦。在遠古時代，模仿他人是我們學會生存的方式。找出固定模式有助於我們狩獵動物、預測天氣變化，並推算出何時該移居到其他地方。害怕損失的恐懼可以讓我們避免致命的失誤。勤勞一點可以確保我們擁有足夠的食物，後代得以生存。

但是在現代金融社會，這些助力反倒成了阻力。勤勞有可能導致我們過度頻繁交易，產生龐大的投資成本，因為我們會想盡辦法創造優於大盤的獲利，但事實上這是不可能的任務。模仿他人的天性會導致我們買進價格過高的熱門投資標的。尋找固定模式會讓我們自以為知道市場未來的走向，但事實上我們觀察到的只是隨機出現的價格波動。我們害怕損失的心態會使得我們在市場出現震盪時，出於恐慌而衝動地做出決定。

為了避免情緒受到干擾，投資人有時候被告誡要忽略短期的市場波動。但很難做到，而且這麼做似乎也不太明智。市場價格反映了數百萬投資人的集體判斷，是用來衡量價值的絕佳指標。多數基金經理花費大半的專業生涯摸索市場，卻依舊無法熟練地找到價值被低估的投資標的，彌補投資所產生的交易成本以及他們向客戶收取的管理費用，並創造優於大盤的報酬。這意味著多數股票、債券以及其他投資標的的價格，基本上是合理的。

這個論點與效率市場假說不謀而合。但我並不認同這項假說較為激進的版本，也就是認為證券的價格永遠都是正確的。不過我也相信，市場具有足夠的效率，因此長期而言，投資人很難能創造出優於大盤的報酬，所以我們應避免投資主動式管理基金，也不應投資個股。假設我們投資個股，結果其中某檔股票價格暴跌？以市場經驗來說，必定是某個環節出了差錯，或許「我們」就是那個出錯的環節。

像逛街購物一樣思考投資

不過，這種結合價格與價值的作法，也有風險存在。時間回到二〇〇九年三月，當時標準普爾五百指數相較於二〇〇七年十月的高點下滑五七%。如果我們先前投資一千美元買進數檔股票，因此會認為這些股票的實質價值只剩下四百三十美元，此時出脫持股並非是不理性的行為。畢竟，僅僅十七個月就造成如此龐大的損失，那如果我們繼續持股幾個月的時間呢？

當然，在二〇〇九年三月時拋售股票，的確是很糟糕的錯誤決定。這也是為什麼我們必須了解，股票的價值和價格是不同的。投資人的情緒難以控制，有時股市會反應過度，股價不是太低就是太高。在經典著作《智慧型股票投資人》一書中，作者班傑明．葛拉漢（Benjamin Graham）提到了一則患有躁鬱症的市場先生的寓言，這位市場先生就是你的商業夥伴，每天會告訴你所持有的企業股票價值是多少。你可能會接受市場先生的提議，同時依據他提出的報價買進或賣出。但是你不應以市場先生最後的報價，作為你評斷股票價值的唯一決定因素[58]。

不可否認，如果連專業基金經理人都無法決定市場是否過度高估或低估，卻認為一般投資人可以做到，是不切實際的想法。然而，我相信有三種策略可以幫助投資人保持務實的態度，讓他們專注於市場的基本價值。

第一，**我們應該像逛街購物一樣地思考投資這件事**。當百貨公司促銷時，我們就會衝去購買需要的新牛仔褲。當然，三個月內必定會有更便宜的促銷活動。但是我們依舊很開心現在就能買到，因為價格已經比之前的還要便宜。同樣的思考邏輯不也應該運用在股票市場上嗎？

不過持平而論，這樣的類比也不完全恰當。我們今天在促銷活動上購買的牛仔褲，和昨天價格多出五〇%的牛仔褲是相同的。相反地，今天的股票之所以比較便宜，是因為投資人害怕企業的基本價值會下跌，原因或許是經濟成長趨緩，導致企業盈餘成長率比原先預期要低。不過，雖然股價可以在一星期內暴跌一〇%，但是企業的基本價值不可能下跌如此快速。經濟變化的速度也不可能這麼快。

為什麼企業股價的變動速度要比基本價值快？這一切都得歸咎於影響市場日常表現的專業基金經理人、證券分析師、市場策略師，採取短期操作所致。他們會預測未來，但是他們關心的未來或許是十二個月之後，因為他們的投資績效好壞是以一年的表現來進行評比，他們的獎酬也是以一年為期限。

至於多數投資人的投資期限會比十二個月要長。當市場落入跌勢，周遭充滿恐慌情緒，我們可以合理推論，價格的崩跌反映了大家對於短期經濟前景的擔憂，但無法反映出目前的危機很可能只是暫時的現象，長期的經濟前景依然是樂觀的。換句話說，如果我們在乎的是明年的企業盈餘，那麼推測未來市場會衰退的預期心理，對於股價下跌的影響只占三〇％。但是，如果我們看的是未來十年，拋售股票的行為就是過度反應，真正合理的回應是買進更多股票，而非脫手。

那麼，讓投資人保持務實態度的**第二個策略是什麼？當我們分析股市時，應該要像債券投資人一樣地思考**。假設我們買進債券，而且如果殖利率為五％，而非四％的話，一定會更興奮。同樣地，如果投資股市，我們應該要思考，如果投資一百英鎊、一百歐元或一百美元，可以獲得多少盈餘或股息。股息的資訊隨處可見。二〇一八年中，富時一百指數整體的年均殖利率約為三．八%，換句話說，每投資一百英鎊，就可獲得三．八英鎊的報酬。在美國，標準普爾五百指數的殖利率大約為一．八%，也就是說每投資一百美元，可獲得一．八美元的報酬。

至於盈餘殖利率並不會定期公布，但很容易推算得出。投資人通常會看企業的本益比，也就是股價除以每股盈餘。如果你要計算盈餘殖利率，只要把分母與分子對調即可，也就是將每股盈餘除以股價。如果富時一百指數的本益比為二十倍，那麼盈餘殖利率就是五%。要計算出五%，你不需要知道富時一百指數的企業每股盈餘。你可以抄捷徑：你只需要將一百除以市場的本益比即可，以這則案例來說本益比是二十。

如果股價暴跌一五%會如何？如果我們只關注股價，就會變得焦躁不安。要避免引發恐慌，我們應該要思考的是市場盈餘和股息殖利率。當價格下跌，每投資一百英鎊所獲得的股息和盈餘都會因此提高。如果市場本益比為二十，當股價下跌一五%，本益比將下滑至十七。如果我們將一百除以十七，就會得出盈餘殖利率為六%，而不是五%。就如同債券投資人在殖利率達到高點時買進債券一樣，這時候我們應該更積極地投資股市，而非退出，因為每投資一百英鎊，就能創造六英鎊的企業盈餘，而不是五英鎊。

記住，與傳統債券的利息不同，股息和盈餘並非固定不變。如果經濟成長趨緩，短期內股息以及企業獲利勢必會萎縮，股票估值自然不會太突出。一個解決方法：不要關注過去十二個月的財報盈餘，你應該去看過去十年經通膨調整後的盈餘。後者正是所謂的「席勒本益比」公式的分母。席勒本益比的名稱是沿用耶魯大學經濟學家羅伯特．席勒（Robert Shiller）的名字。如果想要了解更多，包括席勒本益比，可以搜尋席勒的網站首頁[59]。

盈餘和股息在短期內或許會下跌，但長期而言卻是呈現成長走勢。如果我們在一九九七年底投資一百美元，購買標準普爾五百指數的股票，當時的現金殖利率為一．六%，盈餘殖利率為四．一%。這兩個指標均顯示，股票的價值相當高。但是，二十年後，原本我們投資的一百美元的現金殖利率已經提高至五．一%，盈餘殖利率上升至一一．四％，不過前提是我們運用獲得的股息再投資。如果我們再投資這些股息，買進更多股份，那麼最初投資的一百美元資本將可創造更高的盈餘和現金殖利率。當然，不論是德國ＤＡＸ指數、富時一百指數，以及其他國家的市場指數，都是同樣的道理。

這就關乎到如何讓投資人保持務實態度的**第三項策略：我們應該關注市場長期的績效**。在第二章，我們談到了區分股市投資報酬以及投機報酬的差異。投機報酬主要是受到市本益比波動的影響，我們無法準確預估。但是長期而言，這個指標並不是很重要。真正影響股票投資組合績效的是投資報酬，也就是現金殖利率與盈餘成長率這兩個指標。在第二章我提到，如果你的投資組合分散全球，那麼長期年投資報酬率大約是六％，平均通膨則為二％。

當我們思考股市的未來報酬時，我們或許可以想像有條線每年上升六％。不過，市場的實質報酬並非穩定不變，有時候可能會在年成長率六％的曲線之上，有時則是位於下方，就如同其他投資人有時高興，有時難過。如果未來十二個月的投資績效良好，代表我們成功地向未來借貸，但也因此很有可能我們必須付出代價，也就是短期報酬會較低。相反地，當市場整體表現不佳，我們的報酬位於成長率六%曲線之下，只能祈禱報酬終將回復到應有水準，有時候金融專家稱之為「均值回歸」。

六%是正確的數字嗎？我們要等待多久，股市才能回復到平均報酬的水準？沒有人知道答案。但即便是最沒有標準答案的問題，只要抱持最根本的觀點，就能讓我們在市場出現震盪時依舊保持淡定。長期而言，真正影響股票報酬率的是現金殖利率和盈餘成長率，這才是我們要關注的指標。你必須堅持下去，直到市場認定投資的價值。

第 4 章

想想吧！
真正地放膽思考

把最後一個財務目標放在第一位

依不同生活階段調整投資組合

小心你的「心理帳戶」

為什麼每個人都該為自己的財務負責？

我們必須讓財務生活有紀律，重點是盯緊自己的薪資收入。

股票經紀人希望我們交易。保險員希望我們選擇高額的房屋保險。資產管理公司希望我們購買他們的基金。汽車業務希望我們租車。房屋仲介希望我們買更大的房子。信用卡公司希望我們每次購物都用刷卡。銀行希望我們貸款。人壽保險公司不斷向我們兜售終身壽險的好處。

這些公司和業務搶著要我們買單，他們將我們的財務生活劃分成不同區塊、再分別賣給我們，我們也很高興這麼做，因為這符合我們的心理帳戶特性。我們喜歡將財務分割成不同的類別，就像是檔案櫃裡的資料夾。銀行帳戶放在其中一個資料夾，保險放在另一個，另外像是房屋、股票帳戶、汽車貸款、退休金帳戶、信用卡、大學基金等等，分別放在不同的資料夾。問題是幾乎沒有人討論這些不同的資料夾要如何整合？最後我們只任由不理性淹沒。不妨想想這些情況：

- 年輕父母想要購買自負額較低的汽車保險，但不想買壽險。這對夫妻為他們的掀背式汽車承擔了最低風險，但如果撞上前方的公車，風險可就大了。
- 一般人如果不能繳清信用卡帳款，循環利息會高達二〇%，而將現金放在存款帳戶，利息不到一%。因此，使用存款帳戶支付信用卡帳款明顯較為有利。但如果突然間急需用到現金呢？他們又會再次用信用卡預借現金。
- 員工會待在他們討厭的工作崗位上三十年，只為了取得傳統確定給付制退休金的資格。他們從未想過，如果延後幾年再領取國家退休金福利，每月可領取較高的金額。一般上班族面對即期年金時，也有相同的問題。許多退休的人寧可選擇傳統的退休金計畫，卻不肯運用他們的存款購買即期年金，終身以定期領取一筆不錯的收入。
- 不少夫妻會買樂透彩券，或到賭場勝地度假；卻因為害怕虧錢，所以出脫持股。這聽起來實在是太不合理了。機率告訴我們，不論是買樂透彩券或是到賭場賭博，只要時間持續得夠長，最終必輸無疑。相反地，如果我們分散投資股票，時間必定會站在我們這一邊，只要我們持續投資十年或更長的時間，便能創造不錯的獲利。

- 喜歡撿便宜的人一旦遇上超市推出買二送一的特別促銷活動，必定會大肆購買；但是他們卻不願將足夠的金錢存放到公司的退休金計畫，取得公司百分之百的配合提撥（如果員工提撥一美元，公司也會相對應地提撥一美元到員工的退休金帳戶）。這兩種策略都是讓財富翻倍，讓我們飽餐一頓。但是你必須擁有足夠的積蓄，才能在退休之後還能上餐館吃飯。
- 只要街上有五折的促銷優惠，人們就會興奮地大叫，衝去血拼；但是如果股市暴跌五〇％，他們只會驚恐地尖叫。我會在最後一章的結尾討論購物和投資的相似之處，但兩者間仍有些微的差異。不過，這也凸顯出我們面對市場震盪時常會顯得驚慌失措。

我們要如何避免不理性的反應，清楚地思考我們毫無規則、且混亂的的財務生活？應該從最寶貴的資產開始，也就是「賺錢的本事」，或是經濟學家所稱的「人力資本」。這個概念長期以來一直讓學術界感到困惑與茫然。

在一七七六年出版的《國富論》書中，作者亞當・斯密（Adam Smith）提出了國家固定資本的概念，其中一項是「全體居民所學到的有用才能」。阿爾弗雷德・馬歇爾（Alfred Marshall）在一八九〇年代出版的《經濟學原理》書中寫道：「所有資本當中最有價值的是投資於人力的資本。」曾獲諾貝爾經濟學獎的已故學者蓋瑞・貝克（Gary Becker）分析了不同教育程度的人終身的財務報酬率。近期的一項研究顯示，美國大學生的預期終身所得會比高中生要高出七〇%。另一位諾貝爾獎得主羅伯特・莫頓（Robert C. Merton），以及茲維・博迪（Zvi Bodie）、羅傑・伊伯森（Roger Ibbotson）、以及莫許・米勒維斯基（Moshe Milevsky）等經濟學家都曾研究人力資本對於財務生活的影響，包括我們應如何結合股票和債券投資，以及應該購買哪些保險[60]。

對於五十歲以上、有存款和投資的人來說，他們最有價值的資產是他們的投資組合。但是對於年輕人而言，他們的能力價值可能會大於他們擁有的其他資產。如果是四十歲以上的人，他們的人力資本或許等同於兩百萬美元（約六千萬台幣）的收入，甚至更高。我們應該運用這筆龐大的收入，好好規劃我們的財務生活。

接下來，我們會分別討論進行財務規畫的三大好處，第一，仔細思考終身收入以及可能面臨的限制，才能更有效地採取必要的財務妥協。第二，專注於自身能力（或所缺乏的能力）所創造的收入，依此買進股票和債券，建立更合理的投資組合，補足相對而言較可預期的薪水收入。第三，依據我們的收入能力為原則，以更加理性的態度面對我們的財務生活，包括該購買什麼樣的保單，以及如何處理我們的債務。

把最後一個財務目標放在第一位

大多數的人都擁有一份待完成的財務夢想清單，包括一棟美麗的房子、高級房車、度假小屋、讓小孩無需貸款念完大學。但我們負擔不起所有的開銷，必須想想哪些是優先事項。不管選擇什麼，毫無疑問地，**「退休」可能是我們最後一個財務**

目標，但我們必須把它放在第一位。

累積足夠的財富，過著舒適的退休生活，是我們這一生重大的財務任務。在我們投入職場期間，必須運用收入累積我們的財務資本，直到有一天我們不需要賺錢也能生活為止。為了達成這樣的目標，我們必須每年儲蓄一〇％到一五％的稅前收入，而且持續三十至四十年。

但是我們通常會忽略退休這檔事，很大一部分原因是我們過度關注當下的目標，不擅長規劃未來的長期目標。我們可能在三十歲時努力存錢買房。四十歲時，我們的焦點轉向小孩的大學教育。直到完成這些目標，我們才開始關注退休的問題。但這時候我們可能已經五十歲，一切都太晚了，因為十年或十五年的時間不夠我們累積安享晚年的財富。為了避免太晚才開始為退休生活做準備，並要極大化長期投資的複利效果，我們必須同時、而非逐步達成目標。換句話說，在完成短期目標之時，也必須為將來的退休生活努力存錢和投資。

有時財務顧問會為他們的客戶製作淨值表，加總客戶的資產價值，然後減去債務，最後得出的數字就是客戶的淨值。通常這些資產包括了投資，或許還有房產，至於債務部分可能包括房貸、車貸、信用卡帳款、學生貸款和其他負債。但資產和負債的定義應該要擴大。資產清單還應該包括未來將會領取的國家退休福利、企業提供的退休金以及我們的賺錢能力，至於負債，除了現有債務之外，還應包括達成不同目標所需的成本。

我們達成目標必須付出多少成本？根據英國房價指數統計，二〇一八年初，賣房的平均價格為二十二萬五千多英鎊。另外根據全英學生會的統計，英國大學三年的非學費成本超過四萬一千英鎊。如果加上學費，就要再多支付二萬七千英鎊。這筆金額看起來相當龐大，但相較於中等的退休生活成本，根本是小巫見大巫。

假設我們退休之後一年的生活成本大約是三萬英鎊（約一百一十萬台幣）。我們預估每年可領取一萬英鎊的國家退休福利。若要補足剩下的兩萬英鎊，就必須有五十萬英鎊（約一千八百萬台幣）的積蓄，而且假設每年我們可以從投資組合當中提領四%的報酬作為收入[61]。在所有財務目標當中，**退休生活之所以值得我們重視，不僅因為金額的龐大，還包括兩大特性，一來它並非是選擇性的，二來我們不**

可能動用現在的收入去支付退休生活的費用。

多數的家庭通常會為小孩的大學教育存錢；當我們買房時也必須有存款，因為要支付過戶費用以及至少一筆押金。但是，不論是大學教育費用或是買房費用，多半都是從我們現有的收入支出。我們貸款買房，然後花三十年分期付款。此外，房貸的費用通常低於租房時每月支付的成本，因此當我們從房客變成有房階級，並不會額外增加大筆的支出。同樣地，多數家庭除了存下小孩未來的大學費用，大部分的生活成本也都是動用現有的收入因應，不論是付帳單或是還貸款。最重要的是，他們可以根據現有的收入和資產去申請相關的財務補助（例如助學金），用來支付大學費用。

但是，我們無法動用固定的收入來支付退休生活的成本，因為退休之後我們便沒有了固定收入。我的意思是，如果可能、而且你也願意的話，我倒是舉雙手贊成六十五歲之後應該繼續留在職場上。事實上，有證據顯示人類的壽命會更長[62]，因此我認為「延後退休」將是未來的常態，對於那些沒存多少錢的人來說，或許也是必要的。但我們不應該因此感到絕望。至少兼職工作可以讓退休生活有了目的，減緩財務緊張。如果我們一星期只需要工作幾天，一年可以有一萬六千歐元（約五十五萬台幣）的收入，這筆金額相當於退休前累積了四十萬歐元（約一千三百萬台幣）以上的儲蓄，然後每年從資產組合當中提領四％作為收入。

那些喜歡雞蛋裡挑骨頭的人可能會說，如果我們退休時還要工作，等於沒有退休。這說法正好凸顯了我們對於退休的可笑認知，我們曾認為幸福的退休生活，就是不用去做其他人認為有生產力的工作，只為了買得起那些我們想買的東西。但如同在第二章提到的，我希望工作和退休之間的界線能更為模糊。

我的論點是：應該重新定義退休的概念，不僅僅是我們在工作了四十年之後有機會可以放鬆，同時也是接受新挑戰的機會，而且我們再也無需擔心這些挑戰是否能帶給我們固定收入。我們甚至可以採取階段性作法，逐步邁入退休生活。隨著財富的累積，一旦擁有了財務自由，就不需要花太多心力非要做到高薪的工作，我們可以去做能實現自我的工作。也許到了四十或五十歲的時候，轉到收入不怎麼吸引人的工作，或是縮短工時，花更多時間在我們熱衷的嗜好。到了六十歲，我們或許可以再進一步，找一份兼職工作，然後辭去全職工作。

雖然對許多人來說，漸進式退休是理想的作法，也許不一定可行，這要看你的工作而定，而且也有一些限制。怎麼說？想想退休生活的另一個特性——它並非是選擇性的。雖然我認為每個人都會想努力擁有房產，也都會想著要是父母能支付大學費用，那就再好不過了。但是總歸來說，我們其實不一定要買房，也不一定要負擔小孩的大學費用。

相反地，到了某個時間點，多數的人都必須負擔自己退休生活的費用。幾世紀之前，我們的平均餘命是完全不可預測的。但現在情況不同。根據美國衛生與公共服務部的統計，如果現在你是二十歲的美國人，有八五％的機率會活到六十五歲。另外，根據英國國家統計局的資料顯示，在英國有九〇％的機率可以活到六十五歲。看到這些統計數據，如果我們還不為退休生活存錢，就是對未來的自己太不公平了[63]。

我碰過有人希望工作到離世的那一天。我尊敬這些人，但我不認為這是務實的想法。或許我們的雇主會強迫我們退休，或許我們因為健康問題而無法繼續工作，也或許某天我們起床，突然發現自己沒有了工作動力。除非我們提早離世，否則會有很高的機率，終有一天我們必須離開有薪工作。到時我們需要一筆積蓄，維持生活水平。

我的建議是：運用線上程式試算一下，每年需要存下多少合理比例的收入，以負擔未來的退休生活。例如，你可以前往 Dinkytown.net 網站，運用他們的退休計算器進行試算。在退休前以及退休期間，輸入四％的年報酬率、二％的通膨。沒錯，這個數值低於我原先預期分散全球的投資組合可創造的六％報酬率。不過，因為你的部分投資組合很可能是債券，此外還要扣除投資成本，所以寧可過度謹慎，也不要冒險失誤。

如果你發現已經存夠退休生活需要的積蓄，那麼其餘的收入要如何處理？就隨你決定。你可以買一間更大的房子、更豪華的房車、一棟度假小屋，或是送小孩去讀昂貴的私校。但是，除非你確信自己可以擁有舒適的退休生活，否則就不應該一直惦記著這些目標。

依不同生活階段調整投資組合

如果有人提出可以連續四十年擁有固定收入的方法，多數投資人馬上會想到，「噢，那就是債券」。簡單來說，我們應該將薪資收入當作債券看待。當然，我們的賺錢能力和債券有很大的不同。如果運氣好，我們的收入會逐漸增加，但是債券投資人的收益是固定的。不過如果我們運氣沒那麼好，要是沒了工作、又沒辦法立即找到新工作的話，可能會有一段時間沒有收入。另一個不同點在於：債券到期時我們會收回本金，但是人力資本沒有本金。

不過，兩者之間的相似處大於相異處。薪資收入和債券頗為類似，會影響我們的投資決定。當我們二十多歲時，眼前還有四十年可以領取固定薪資，等於是擁有了龐大的債券部位。我們不需要定期從資產組合當中獲得收入來源，因為我們有固定薪水可支付生活成本。所以，我們可以將大筆資金投入股市，期望能夠賺到足以打敗通膨的合理報酬。這些投資所得能幫助我們加速達成為退休生活設定的儲蓄目標。但如果股市崩盤呢？在我們投入職場的期間，市場出現暴跌很可能會讓人焦慮不安，但是不應該因此影響我們的生活水平。我們還擁有薪水收入，所以沒有必要拋售股票來購買雜貨。

市場下跌也不會對我們的整體淨值有太大影響。假設我們經歷了類似二〇〇七到〇九年的市場崩盤，包括富時一百、日經二二五、標準普爾五百指數全數暴跌。我們的股票投資組合價值必定會縮水，但並不會影響我們整體資產的價值。除了賺錢的本事之外，我們的資產還包括房子、傳統企業退休金計畫、債券投資與現金投資，以及未來的國家退休金。市場崩盤後，再加上電視新聞、報紙頭條以及社群媒體放大了情緒的渲染力，使我們開始擔憂自己的財務未來。但真實的情況是，我們擁有的不只是股票和股票基金而已。

一旦我們退休，就沒有了固定薪水，所有的一切都將改變。我們的「債券」

（人力資本）再也不會提供我們固定的收入，因此當市場暴跌，我們很難繼續保持樂觀。股市崩盤會大幅衝擊我們支付帳單的能力。這是為什麼當我們接近退休年齡時，就應該把一半的投資組合從股市移出，轉入債券。如果我們要精準計算應分配多少資金投入債券，就必須考量另外三種類似債券的固定收入來源：國家退休金、傳統雇主退休金計畫、以及我們所購買的收入年金。如果這些收入可以支付我們每月退休生活的大部分成本，那麼或許可以大膽地保留多一些資金在股市。

轉入債券有兩大好處。第一，在初期，債券可以創造優於股票的收入，換句話說，我們可以獲得更多的投資收入，彌補失去的薪水收入。第二，而且是更重要的一點，我們可以有更多的餘裕因應股市崩盤。一旦退休，為了累積足夠的生活零用金，必須時常出售投資組合當中的部分持股或債券，希望在既有的投資收入、國家退休金、傳統的雇主退休金計畫以及收入年金之外，還能有額外的收入。如果遭遇到嚴重的股市崩盤呢？只要我們建立了平衡的投資組合就不需要恐慌，因為只要賣出投資組合當中的債券，就可以賺到零用錢。

依據不同生活階段調整投資組合的作法，對多數投資人來說都是很合理的，但有兩點提醒。第一，在投入職場期間，某些人的工作收入會比起其他人更像是債券一樣的固定。如果你是終身職教授，那麼你會知道一年後你的收入有多少。但如果你是依靠業績獎金的業務員，就沒辦法百分之百確定了。我的意思是：終身職教授可以大量投資股票，因為他們有足夠的本錢可以這麼做，但是依靠業務獎金的人就必須大量投資債券。

第二，因為我們的收入所得占整體財富相當高的比例，因此必須小心翼翼，不要賭上飯碗。也就是說，科技公司員工在購買科技股票之前應三思而後行。醫生不應該投資藥物和醫療設備企業。房地產仲介應避免買進房地產與出租物業公司的股票。如果持有公司的股票，應該將股份降至最低。

我們或許對這些投資感到放心，因為這是我們熟悉的領域，我們甚至覺得自己從事的工作能提供額外的投資洞見。事實是：即使某家企業的業務蒸蒸日上，但並不代表它的股票就是很好的投資標的。很有可能其他投資人也注意到這家公司正在成長，公司的大好前景或許完全反映在極為樂觀的股市估值上。更重要的是，我們安全感以及自認為擁有獨特洞見的想法會蒙蔽我們，導致風險升高。如果我們大筆投資自家公司的股票，一旦公司財務陷入危機，我們就會承受雙重打擊，不僅丟了工作，還導致退休積蓄大失血。

前述關於賺錢本事以及如何分散投資組合的說法，可能有些讀者並不認同。我們之所以沒有在二十多歲時大量投資股票，不正是因為我們還有長達數十年的時間可以應付市場衰退的難關嗎？這種「時間分散風險」的概念在學術圈引發激烈的爭辯。如果市場報酬的高低是隨機的，那麼無論我們投資多長的時間，也無法保證股票一定能打敗債券。事實上，如果我們延長投資期限，最終累積的財富不是遠高於原先預期，要不就是遠低於原先預期，因為投資複利的過程會放大報酬與虧損。舉例來說，假設股市平均年報酬率為六％是相當合理的預估值，那麼四十年後的累計報酬率將達到九二九％。如果這四十年當中有三年投資虧損二五％，而非創造六％的報酬率，那麼累計報酬率為二六四％，相當於每年三．三％的報酬率[64]。

這聽起來或許讓人有些不安，但是問題並不如表面來得嚴重。當我們進入職場之後，不會只買一次股票，然後祈禱未來四十年市場對我們是友善的。相反地，我們會在四十年內每月小額買進股票。如果未來四十年股市創造更高的累計報酬率，我們就能累積更多的財富。但是，可能的報酬率區間並不會像前述所說的差異那麼大，因為我們每個月買進的股票價格都不盡相同，有些高、有些低。此外，市場持續下跌或許反而對我們有利，因為可以更便宜的價格買進股票。

最重要的是，關於時間分散風險的爭辯是依據「市場波動是隨機的」來假設。如果只看短期的結果，這確實是合理的架設。但是如果我們看的是長期表現，那麼一般常識認為，在不發生經濟災難的情況下，市場應該會回歸正常水準。如果股市連續幾年表現不佳，那麼可以預期股票會愈來愈有價值，因為股價會比股息和盈餘更快下跌。短期內股息和盈餘或許會下滑，但終究會反彈回升。到了某個時間點，專門撿便宜貨的投資人會注意到這些標的並逢低買進，進而推升股價。

小心你的「心理帳戶」

為什麼許多人認為，讓大學生背負大筆學生貸款不會有問題？為什麼這麼多企業提供失能險？為什麼銀行願意借貸二十英鎊或三十萬美元給二十八歲的年輕人，讓他們購買人生第一棟房子？為什麼要鼓勵剛成家的夫妻購買人壽保險？我要再強調一次，一切都是因為我們會賺錢的緣故。

當政府借貸給學生、或是銀行提供貸款給年輕購屋者，他們知道多數借款人能夠償還貸款，因為借款人未來數十年會擁有固定薪資收入。這筆交易雙方都能獲益：借貸者可以收取利息，借款者可以購買他們負擔不起的東西。如果每一筆買賣都必須付現，那麼我們只能勉強擠出錢支付大學費用，然後等到四十歲或五十歲時才有能力買第一棟房子。有了貸款就可以讓我們在存到購買價之前購買某樣東西，讓我們這一生的消費能維持穩定。這是很大的加分。擁有貸款，我們就能支付大學費用，讓我們可能賺得更多。如果我們在二十或三十多歲買房，就能逐步累積房屋淨值，在沒有債務負擔的情況下擁有一筆大資產。

但是我們必須小心，不要過度操作「消費平滑」（多數人希望維持穩定的生活水平、而不喜歡大起大落。為了避免由奢入儉，因此寧可降低消費，避免未來萬一遭逢意外而無法維持生活水平）。如果我們在二十多歲時貸款購買豪華房車，就無法享受生活水平逐漸提高的終身快樂。比較好的做法是，在二十多歲時買一台豐田汽車，到了五十歲時擁有一台賓士就會讓你有特別的感受。

我們也要小心，不要貸款太多。我們應該依據可能的收入適當舉債。根據多家美國銀行所使用的負債比例來計算，擁有房貸的人每月支付的貸款不應超過稅前收入的三六%。也就是說，如果你每月的收入為五千美元，那麼每月必須支付的車貸、最低應繳信用卡帳款、學生貸款、以及房貸（包括房地產稅以及房屋保險）等，不應超過一千八百美元。

即使我們限制用來償債的收入比例，我們還必須確保在領取最後一筆薪資收入、離開職場之前，清償所有的債務。如果我們在四十歲時買了更大的房子，就要認真考慮選擇十五年或二十年期房貸，這樣才能在退休前還清債務。如果你不想被迫每個月必須繳交高額的房貸而選擇的是三十年期房貸，那麼可以增加原本每月還款的本金金額，以便在退休時還清房貸。這樣才能降低生活成本，有能力負擔退休生活。

無論如何，降低負債是一筆聰明的投資。我們應該將負債視為報酬率為負的債券。當我們購買債券時，等於是將我們的錢借給其他人，對方支付我們利息；當我們借錢時角色便對調過來，其他人借錢給我們，我們支付對方利息。我們的信用畢竟不如政府組織或大企業，因此我們為債務支付的利息，必定高於購買債券所能獲得的利息收入。結論很明顯：我們不應該購買債券或是其他有利息收入的投資，比較合理的做法是減少負債。

如果將我們的負債視為收益為負的債券，就更能妥善處理家庭的整體財務風險。想像一對兄妹，兩人都擁有五十萬元的投資組合。哥哥用三十萬買進股票、另外二十萬購買債券，妹妹則是將五十萬元全部投入股市。如果單純看他們的投資組合，妹妹的財務風險可能較大。但是如果妹妹沒有負債，哥哥卻有二十萬的房貸呢？如果我們從哥哥二十萬的債券投資當中扣除二十萬的房貸，那麼哥哥的債券部位是零，這樣他的財務風險其實和妹妹一樣高或是更高，就要看他們各自的淨值、工作情況、財務責任以及其他因素而定。

假設哥哥的債券是存放在應稅帳戶中，他應該出售二十萬元的債券，然後用這筆收益支付房貸，因為他為房貸支付的利息會比從債券獲得的利息還要高。

我們都有自己的心理帳戶，將房貸與房屋、車貸與我們的新車分別聯想在一起。然而一旦我們有了這些負債，就會實際影響我們的整體財務生活。以那位哥哥的財務狀況來看，他握有五十萬元的資產組合，另外還有二十萬元的房貸。如果他用這筆房貸購買價值三十萬元的房子，那麼這位哥哥等於擁有了八十萬元的資產，包括房地產、股票和債券，但其中有四分之一的資產是透過借貸購買的，也就是二十萬元的房貸。這位哥哥可能會驚訝地發現，他是在有貸款的情況下投資股票，這正是他實際在做的事。

這位哥哥是否冒了太大的風險？這要看他的賺錢本事而定。他的工作有多大的保障？他的收入有多穩定？這都將決定他能承擔多少以及哪種類型的債務。

如果這位哥哥是一名公務員，他的工作應該相當有保障，他的收入也是高度可預期的。換句話說，他的人力資本風險極低，因此他未來的財務生活可以冒一些風險，包括大量投資股票，負擔的貸款金額占稅前收入比例可以稍微高一些，或是選擇可調整利率的房貸，不僅利率較低，而且每月支付的金額可彈性變動。但是，如果這位哥哥是在金融公司擔任交易員，他的人力資本便有很高的風險。市場衰退期間，通常會出現裁員潮，因此這位哥哥應購買較多的債券，償債金額占收入的比例也不能太高，而且要選擇固定利率的房貸。

不論這位哥哥是交易員或是公務員，如果他所居住的國家缺乏醫療保險制度，就要購買醫療保險，他可能還需要購買人壽和失能險。這些都與我們的人力資本風險有關。如果我們生病、無法支付醫療費用，就會影響我們的工作能力，所以購買醫療保險是很重要的。

但如果我們沒有養家，還需要購買失能和人壽保險嗎？這就要看我們的整體淨值與家庭情況而定。如果我們有足夠的閒置資金，而且今天就可退休，或許就不需要失能保險，因為即使生病或是有意外發生導致我們無法工作，我們的財務也不會出問題。同樣地，如果我們擁有足夠退休生活所需的金錢，或是沒有任何人仰賴我們的財務支援，就不需要購買人壽保險。但是，如果我們的存款不多，就必須購買失能險；如果我們存款不多，又有家庭依賴我們的賺錢能力，這時候就要購買人壽保險。下一章我們會再深入討論保險問題。

為什麼每個人都該為自己的財務負責？

我們賺錢能力就好比是一條線，將各自獨立的財務生活牽繫在一起。當我們思考整體的財務生活時，必須記住三個與人力資本有關的觀念。如果沒有提醒大家，會是我的失職。

第一，我們應該密切注意整體的財務狀況，不應該忽略可由我們自行支配的重

要財務槓桿工具，也就是改變消費行為的能力。假設我們已經退休，因為金融市場暴跌而感到憂心。我們可能會衝動地調整投資組合。但是更聰明的做法往往是堅守原先設定的股票與債券組合目標，然後減少消費。這樣就可降低我們必須從投資組合當中提領的比例。也許這一年我們不能到海外度假，只能在離家較近的地方旅遊。或許未來一兩年要繼續開著舊車，而不是賣掉舊車換新車。如果我們持續維持較低的固定成本，包括每月支付的房貸或租金、車貸、水電費、保險費用、雜貨和其他經常性成本，那麼我們改變消費的能力就愈強。

第二，**如果我們要為更長的人生規劃好財務，就應確保我們的身體能夠支撐到這麼長的時間**。假設我們抽菸、嗜酒，但很少運動。我們的平均餘命會縮短，同時我們退休需要的金錢也會減少。我承認這麼想有點瘋狂，但是如果有人一天抽兩包菸，但同時盡可能地提撥最高的金額投入退休金計畫，他們的行為看起來也不怎麼理性。

最後，我們應當要好好思考我們的資產和負債，但也不應該忽略父母、配偶和小孩。家庭是無價的資產，如果我們的財務陷入困難，他們能提供我們需要的援助。如果家人能提供支援，我們就不需要儲備太多的緊急基金，而且可以提高保單的自負額以降低保費。

但是家庭也可能是負債。在我們結婚之前，應該要有長遠的規畫且認真思考；在離婚之前，更要長遠且認真地思考，因為我們很可能將失去一半的財產。如果我們的父母和小孩陷入財務困境時該怎麼辦？捫心自問，我們幾乎可以百分之百地確定，一定會對他們伸出援手。這是為什麼我們應該要和父母討論他們的財務狀況，以及為什麼我們應該盡一切努力培養小孩要對自己的財務負責。

正如同我在前一章提到的，**良好的儲蓄習慣是達到財務成功的關鍵**。**如果要教導小孩一項財務技能，那就是延遲滿足的能力**。我們不僅要鼓勵小孩存零用錢，才能購買比較昂貴的物品。當我們告訴小孩，練完鋼琴後才可以去玩，或是吃完午餐之後才可以吃巧克力棒，其實就是在教導他們延遲滿足。定期和小孩討論財務問題也會有所幫助，不過更重要的是，我們要設立的榜樣，並告訴他們過去的家庭故事。我們應該告訴小孩，我們自己在二十多歲時如何節省以及存錢，當他們進入職場之後就會懂得如何節省和存錢。

當我在《華爾街日報》擔任記者時，偶爾會收到來自讀者的信件，吹噓他們已經準備好在四十多歲時退休。我會立即回信給他們，在信中我會問他們一個問題：「你有小孩嗎？」答案幾乎是「沒有」。有小孩的人通常較晚退休，這點通常錯不了。這本書是獻給我的兩個小孩和兩個繼子女，其中有兩個已不需要家庭的資助，另外兩個仍需要家庭的部分援助。這四個小孩豐富了我的人生。至於我的銀行戶頭？並不是很多。

第5章

贏家是……輸得少的人

對財產的慢性傷害

財務藍圖上的潛在危機

有些風險，你自己就可以擔下來

如何看待績效落後？

分散投資的必要性

停損點的三層思考

如果我們要增加財富，就應該盡可能降低損失。

什麼是財務成功？某些人會因為比親戚更富有，打敗富時一百、標準普爾五百、澳大利亞二百等指數，或是擁有附近最好的標的物而感到心滿意足。而這些只不過是一種炫耀，一旦得到了，興奮的情緒便迅速消退。因為我們的目標並不是為了變有錢。

我們的目標應該是擁有足夠的金錢，去過想過的生活。當然，我渴望的生活和你絕對不同。但是我們的許願清單很可能會有相似之處：我們希望有時間和朋友與家人相處，希望享受特別的時刻，例如上館子或度假；希望花時間投入我們覺得熱血的活動上，還希望做這些事時不需要時時刻刻擔心錢的問題。

如果這種財務自由是你的首要目標，那麼我們該做出哪些財務選擇就很明顯了。除非指望輪迴轉世，否則人生只有一次，如果因一時的心血來潮而導致財務失衡，就太不值得了。相反地，我們應該找出能夠提高財務成功機率的策略，一旦累積足夠金錢去過我們想過的生活，就要小心翼翼維持現狀，而不是去冒不必要的風險，反勝為敗。

回到第三章，我提到擲硬幣打賭的遊戲。如果我們猜對是正面或反面，就可以贏得一千元，如果猜錯了，就要損失一千元。這是公平的賭注，但我們還是不想參加。為了說服我們冒著可能損失一千元的風險參加擲硬幣賭注，只要猜對正面或反面，就可以贏得兩千元或者更多。這反映出我們因為損失而產生的痛苦，遠大於得到的快樂。經濟學家認為這是不理性的行為。

或許我們不該把損失看太重。但在某種程度上，這是我們必須認真看待的事。如果某項投資賭注輸贏的機率各半，而好運站在我們這一邊，最後我們也賺到了錢，這聽起來確實很吸引人。但如果我們下了賭注，卻運氣太背，結果可能是永遠賺不到退休生活需要的金錢，那麼將會是一場徹底的災難。即使賺錢與虧錢的機率相同，但是結果卻大不相同。

不要誤會我的意思，我不是要投資人遠離所有的風險，把錢都存在銀行戶頭裡。存款帳戶裡的錢或許可以幫助我們應付短期虧損，但是很容易受到通貨膨脹的影響，而且不大可能創造夠讓我們過著舒適退休生活的財富。若要有錢過自己想要的生活，多數人至少會持有一些股票。但是即使我們努力提高自己的財富淨值，同時也要想辦法降低減損。什麼是減損？這裡指的是避開可能侵蝕我們財富的高成本消費，以及危及我們未來財務的威脅。相較於追求更高獲利，花時間降低減損的效益更高。

當我們考慮改變投資組合時，通常會問自己：「這是買股票的好時機嗎？」但這是錯誤的問法，因為我們是依據不可知的事實來回答，我們根本無法確知市場的短期走向。相反地，我們應該重新架構問題，將焦點放在風險和投資成本：**「改變投資組合，會增加多少的投資開支和稅務成本？依據可能的效益，這樣的成本合理嗎？整體的投資組合會因此承受多大的風險？如果我做了這個投資決定，結果證明是錯的，我能夠承受因此而導致的財務衝擊嗎？」**

我們無法控制市場會上漲或下跌，沒有任何確切的策略保證我們的績效會優於市場平均。但是這不代表我們的投資組合以及整體的財務生活完全不可預測。雖然我們手中沒有水晶球，但是我們有三大財務槓桿可運用。如同之前的章節所討論的，我們可以控制自己的消費和儲蓄，這是達成財務成功的最大驅動力。

另兩項槓桿工具也不應忽略。我們可以控制財務成本，包括基金管理費用、交易成本、稅務、保險費用等。我們還可以控制承受的風險程度，小心謹慎地建立投資組合，購買保險前先三思。

對財產的慢性傷害

財富的死亡方式有兩種：慢和快。我們先從緩慢的死亡開始。我想到的是慢慢被凌遲而死，典型的案例就是投資成本和稅務默默地蠶食侵吞我們的財產。

在第三章，我提到了追蹤市場的指數型基金。假設連續四十年我們定期將資金投入股票市場指數型基金，據先鋒集團創辦人柏格計算，我們累積的財富會比主動式管理股票基金投資人高出六五％，因為後者的交易成本、管理費用以及現金持有較高。那些現金持有意味著基金經理人看空或是缺乏好的選股想法，但仍必須提供現金以應付股東贖回。

根據柏格計算，以美國為例，投資主動式管理股票基金的總成本每年大約是二．二七％，也就是每投資一百美元，就得支付二．二七美元的成本。相反地，如果是投資追蹤股市的指數型基金，一年的成本大約是〇．〇六％，也就是每投資一百美元，只需支付六美分的成本[65]。債券指數型基金和主動式管理債券基金之間的成本差異較小，但結果是一樣的。長期而言，指數型基金能累積更多的財富。

如果投資主動式管理基金，每年要支付大約二％的成本，聽起來似乎不會太糟，特別是如果與我們可能獲得的優於市場的報酬相比。但是，要獲得優於市場的報酬是困難的，部分原因在於你必須扣除投資成本，另一部分原因是主動式管理基金經理人很難發掘價值被低估的股票。此外，主動式管理基金的成本並不如表面所顯示的低。沒錯，我們每年只需要支付資產的二％，看起來並不是一筆龐大的數目。但是，當股市的年報酬率可達到六％，我們卻要拿出高達投資所得三三％的金額支付投資成本。

柏格計算出的六五%財富落差，是針對退休金帳戶投資人而言，因此沒有計入稅金的影響。主動式管理股票基金每年的繳稅金額通常會高於指數型基金，因為經理人會出售某檔股票，再買進另一檔股票，目的是為了創造優於大盤的報酬。因此，主動式管理基金會產生大筆的現金利得，應繳稅的持股人就必須支付稅金。但另一方面，指數型基金只會創造微薄的現金利得，甚至是零，因為他們不需要主動買賣投資組合。柏格認為，如果投資人只投資一次指數型基金，並持有長達四十年，扣除美國稅額之後，其所累積的財富將會比投資主動式管理基金的投資人多出一七五%。不過在其他國家，投資所得必須課稅，主動式管理基金的投資人可能會發現，他們相對處於較為不利的局面。

但是，投資人自身的行為也會讓整體結果變得更糟。投資人可能會在錯誤的時間點進出股市，更糟的是，這些交易會產生大筆的稅單。即使投資人投資指數型基金，雖然指數型基金本身不會產生高額的稅金，但是投資人自己頻繁地轉換基金，因而產生資本利得，必須繳交高額的稅金。

這並不是說基金投資人比起那些持有個別公司股票的投資人還要不理性。有非常多證據顯示，一般投資人在投資個股時，常做出不利於自身的舉動[66]。我們會透過其他方式，慢性傷害我們的財務。我們從地方銀行取得房貸，而不是從網路上搜尋能提供最低房貸利率與費用的借貸機構。我們沒有繳清信用卡帳單，因此必須支付高昂的過期罰款，花了更多錢。我們沒有提撥足夠的金錢存放到企業的退休金計畫，因此沒有資格取得雇主百分之百的配合提撥。當我們開立儲蓄帳戶時，沒有搜尋可提供較高利率的銀行。我們直接向既有的保險公司購買新的汽車保險，沒有詢問其他保險公司的報價。我們一再讓帳戶透支，每次都要繳給銀行一筆費用。

不過，指數型基金與主動式管理股票基金之間的對比是相當具有啟發性的，因為它凸顯了成本與風險所造成的影響。不妨想像一下，我們正要做出某項投資決策。我們可以買進和持有幾檔低成本、可涵蓋全球股票和債券的指數型基金。以此為起點吧，我們買進了涵蓋全球投資標的數檔基金，每檔基金在股票和債券以及在每個國家的投資金額，反映了他們的市場權重。換句話說，我們是匯集了數百萬投資人的集體智慧。他們已經認真做好功課，發掘值得投資的股票和債券，然後據此決定買進或出售。透過投資指數型基金，我們因為其他投資人的集體努力而獲益，卻不會產生任何的成本。

但是我們因為過度膨脹的自信心，以為自己的聰明才智好過其他投資人的集體智慧，因此逐步脫離指數型基金的投資策略。就看你要脫離得多徹底，這麼做等於是慢性傷害我們的財務，因為我們必須支付高額的投資成本與稅金。歷史經驗告訴我們，我們不太可能選到能夠創造優於市場並足以彌補投資成本的投資標的。在第三章，我們提到了財務失敗背後的殘酷邏輯：如果不計算成本，投資人集體可賺到相當於市場的報酬。但如果計入成本，報酬金額必定縮水。有些人或許運氣好，有機會打敗大盤，但多數人沒那麼幸運。

不過，還有一個相關、但更令人憂心的問題。當我們捨棄指數投資策略，不僅會產生更高的投資成本，還會面臨投資績效遠遠落後市場的風險。當我們的投資組合距離整體市場愈來愈遠，投資績效落後市場的風險就愈高。以金融界的用語來說，這就是所謂的「追蹤誤差」，它會擾亂我們的思考，讓重大的財務損失看起來像是微不足道的小失誤。

不妨想像一下，我們將自己的財務未來押注在數檔主動式管理基金。這些基金每年產生的成本相較於低成本的指數型基金要多出二%。低成本指數型基金和主動式管理基金平均績效之間的落差，主是來自於成本的差異，但如果我們不幸地挑選到績效不佳的主動式管理基金或是市場，那麼成本落差會大於二%。如果落差過大呢？這就不是慢性虧損了。接著要討論的就是快速死亡，如同俄羅斯輪盤的死法。

財務藍圖上的潛在危機

俄羅斯輪盤是一種遊戲，參加的人只能在左輪手槍內裝一發子彈，旋轉彈巢之後，將手槍對準自己的太陽穴，然後扣下板機。彈巢裡有六個彈膛，若其中有五個是空的，你就有較高的機率活著。雖然活下來的機率比較高，但是你不會因此認為這是一項低風險的遊戲。如果對照財務來說呢？我們常讓自己暴露於潛在的風險之中，而這些風險可能會帶來徹底的重創，就像這幾種可怕的情境：

- 我們的身體器官受損、傷殘，以致無法工作，存款也不多，但我們並未購買失能險。無法想像傷殘的情況嗎？應該要放在心上，多數的身體傷殘是疾病所導致，而非意外造成。
- 我們大量買進公司的股票，但公司卻成了下一個美國國際集團、貝爾斯登、安隆、雷曼兄弟或是世界通訊集團，這些公司的股票在本世紀第一個十年均遭遇嚴重的崩盤。
- 我們的另一半是家庭的主要經濟支柱，卻突然離世。我們沒有壽險保障，存款也不多，但有三個小孩要撫養，還要支付龐大的房貸。
- 股市的上漲膨脹了我們的自信，我們大量買進股票，結果二〇〇七到〇九年的崩盤悲劇再度上演，我們持有的股票價格腰斬，僅有當初買進時的一半。因為出於恐慌我們大舉拋售股票。

- 我們用存款買房並出租，結果經濟陷入衰退，我們也丟了工作，出租的房子找不到房客，我們付不出房貸，房子最終遭到法院查封。
- 我們沒有買醫療險，結果被診斷出罹患癌症。
- 我們將全部投資押注在某國股市，結果這個國家成了日本的翻版。一九八九年底，日經二二五指數創下歷史新高。三十年後，日本股市遠遠低於一九八九年的高點。日本的悲劇難道不會發生在美國、英國或其他主要市場嗎？一九八九年，沒有任何一個國家的經濟成就像日本一樣受到大家的推崇，有企圖心的西方企業家紛紛開始學日文。

前述提到的可能是我們已經執行多年的做法，但是對於我們面臨的風險卻毫不在意，甚至認為自己實在太聰明了。然後有一天，碰！我們的財務水平後退了十年或二十年。這個時候我們不得不提到十七世紀哲學家兼數學家布萊茲．帕斯卡（Blaise Pascal）以及後來為人熟知的「帕斯卡的賭注」。帕斯卡認為：相信神是很合理的行為，如果我們相信神，結果證明沒有神的存在，我們付出的代價很低，可能每星期天跪地一小時，以及停止不道德的行為；但如果我們不相信神，事實卻證明神真的存在，那麼付出的代價將非常可觀，或許是在地獄裡永遠受到煎熬[67]。

換句話說，我們不應該關注成功或失敗的機率，重要的是後果。我們或許不需要購買醫療或失能險就能平安度過一生。也許我們只需要持有幾檔熱門股票或是購買幾間房子然後出租，就能過很好的生活。或許我們能夠一再贏得俄羅斯輪盤的遊戲。但是只要有一次失敗，我們美好的的財務藍圖就會立即轉向死亡。

我們要**如何避免自己的財務藍圖快速走向死亡？關鍵在於管理風險，也就是購買對的保險，並謹慎投資。**

有些風險，你自己就可以擔下來

有不少理財專員告訴我，他們的客戶拒絕立遺囑，因為他們認為這樣只會讓他們更接近死亡。這種「忽略它，並期望它永遠不會發生」的態度，也常發生在購買保險的時候。大多數人之所以購買房屋險，是因為提供房貸的機構有所堅持；他們之所以購買汽車保險，是因為政府要求要這麼做。

但是在美國，沒有人會強迫另一個人購買壽險、失能險、醫療險、傘護式責任險（在基礎保險上附加的責任險，避免發生事故時危及到個人財產）與長照險，許多美國人也不會想要去買，因為他們根本沒想到，或是他們不願意去想。或許現在正是時候去思考那些令人不快的情境：如果我們明天不在人世、變成身障者、被控告、或是需要被送往護理之家，那麼我們的家人該怎麼辦？我們可能不會購買傘護式責任保險，因為我們的資產很少，不會有人認為值得大打官司。同樣地，我們可能也不會購買長照保險，因為我們的存款不多，所以不如開心地花費僅有的少許存款，然後依賴政府補助。但是對許多人而言，法律訴訟以及護理之家的成本之高，購買保險是比較合理的做法。

許多人可能會認為有必要購買人壽與失能險，某些人被納入公司的投保範圍，因此擁有失能險或是金額有限的壽險。但若碰上雇主沒有協助員工投保或身為自僱者，就必須認真考慮購買失能險，特別是如果存款不多，一旦失去工作、財務便會立即陷入困境的人。如果你已經成家、而且是家庭主要經濟支柱，但又沒有太多存款，購買壽險也是很合理的決定。

前述提到的危機情境，如身心障礙、負擔家庭照護成本、打官司、家庭主要經濟支柱死亡等將會侵蝕我們的財富，迫使我們必須依賴政府或是其他善款援助。不論是哪一種情況，都不是什麼好事。如果我們無法仔細思考這些難以想像的可能情境，我們的家庭財務就會陷入危急狀況。我們甚至會有強烈的焦慮感，似乎不消幾步，我們就會活不下去。

這並不是要我們大量投保。保險公司支付客戶的金額通常低於他們收取的保險費用，所以買保險通常是虧錢的，如果再加上保險成本，很有可能讓家庭的預算失衡。那麼，我們要如何確保只購買需要的保險？可以採取「三叉策略」。

第一，避免那些只保障無關緊要財務的保單。如果必須在最後一分鐘取消班機或是淘汰去年買的電視機，這些瑣事可能會讓我們覺得苦惱。但是並不會影響我們的財務，所以我們通常不會考慮購買旅遊不便險以及延長保固險。當然，如果我們為八歲小孩買了一台平板電腦，這時候或許就需要一份家電保單，因為小孩絕對不會好好地使用這台平板電腦。如果我們八十歲了，或許值得購買旅遊不便險，因為我們有可能因為身體不適而無法成行。但是多數時候，應該要避免購買這些保險，因為它們保障的財務風險不是很重要，相較之下保險成本過高。

我們自己可以承擔些許的風險，但有些風險對於財務的影響較為重大，因此必須與其他人共同分擔。這就是風險共擔的概念，我們在第二章時已討論過。我們把錢投資於涵蓋住宅火險和人壽保險的保險基金，我們也明白不一定能把錢拿回來，但是我們知道，如果發生意外，一定能拿到保險金。

第二個策略是什麼？為了降低保費成本，我們應該要減少保險範圍，自行承擔部分的風險，讓保險公司處理重大的財務威脅。例如，我們選擇自負額三千歐元（約十萬台幣）的屋主保單。如果房屋意外失火，我們必須承受三千歐元的損失，但是保險公司仍會負擔金額較龐大的財務損失。同樣地，為了降低保費，購買醫療或汽車保單時應該選擇較高的自負額，或是購買長照和類長照保險時應該選擇較長的免責期。所謂的免責期指的是當我們提出申請以及實際獲得理賠之間的等待時間。在保險公司確實給付之前，我們必須自掏腰包付費，但這筆金額並不會導致我們的銀行帳戶透支。

第三，當我們累積一定的財富以及有能力承擔更多財務風險時，就應該解除保單。如果我們擁有一百萬美元（約三千萬台幣）的資產組合，即使我們離世或是失能，但家人的財務不至於陷入困境，這時候我們就可以解除人壽和殘障保險。同理來說，如果我們有那樣的積蓄，就可以捨棄多數法國和美國民眾都會購買的長照保險。取而代之，我們應該自行負擔安養院的成本，也就是所謂的自我保險概念而隨著我們的財富累積，傘護式責任保險也會愈來愈重要。當我們成了法律訴訟案件的被告方，這項保險可以提供必要的保障，因為我們愈容易成為那些愛打官司的人眼中誘人的肥羊。

如何看待績效落後？

當我們投資時，會面臨三種風險：市場表現不佳、我們的投資績效不如市場平均、我們的投資結果很糟，因為我們在錯誤的時間點買賣投資。

如果所有市場的表現都不盡理想，那麼我們真的是用光了所有的好運。幸運的是，這樣的情況不太可能發生。當通貨膨脹上漲，就會不利於債券投資，但是我們的房產和股票的價值不受影響，我們的薪水可能會隨著通貨膨脹增加。當經濟衰退，股價便會隨之下跌，房價下滑，我們可能會因此失業。但是債券卻不受影響，而且我們可以從其他多元的替代性投資獲得報酬，例如黃金、木材、避險基金、天然資源公司以及不動產投資信託。如果我們的投資組合涵蓋不同類型的資產，為市場的波動預作防範，長時間下來便能創造合理的投資報酬。

我們的投資相對於市場整體的表現如何？之前我曾提到，當你決定要建立什麼樣的投資組合時，可買進分散投資全球股票的指數型基金作為起點。有時候機構投資人和學術圈會談到「市場組合」或是「可投資範圍」，指的是我們可能購買的全球投資標的。二〇一四年的一項研究結果顯示，可投資範圍包括：股票，占三六％；債券，占五五％；商用房地產，占五％；私人股權，占四％[68]。其中私人股權指的是投資於私人企業的創投基金。美國股票大約占有一半的全球股票的市場價值，美國債券也同樣大約占有一半的全球債券市場價值。

如果我們想避開所有賭注，匯集其他投資人的集體智慧，那麼不如選擇複製市場組合的指數型基金[69]。指數型基金的投資組合正好是其他投資人集體建立的投資組合。指數型基金會是最好的投資組合，在不計入成本的情況下，能創造等同於市場平均的投資結果，或是相較於其他投資人更能創造出優於平均的投資成果，因為其他投資人的績效還必須扣除高額的投資成本。

不過，我仍打算不完全複製全球市場投資組合，原因有三。第一，如同第四章所討論的，我們的股票與債券組合應該要能反映我們的賺錢本事。市場的投資組合當中，債券占五五％。這種保守的投資策略或許符合退休人士的需求，但是對於每個月仍能固定領薪水的投資人來說，可能會希望降低債券比例。

第二，我們的投資組合應該要能反映我們個人對於風險的忍受度。如果我們現在是二十多歲，擁有穩定的工作和固定收入，股票占九〇%是很合理的投資組合。但如果我們擔心市場出現反轉，那麼無論年紀，如此高度波動的投資組合就不是明智的選擇。

第三，我們的持有的投資標的應該和我們未來的消費模式結合。當我們退休、開始花用積蓄時，會將最大部分的儲蓄花費在自己國家提供的產品和服務，所以如果大部分的投資組合是投資於以本國貨幣計算的標的，會是比較聰明的作法。在美國會比較容易做到，因為美國股市和債券大約占全球金融市場整體價值的一半。

但不論你居住在哪個國家，包括英、美、德、法、澳洲、日本或其他地方，我的建議是：假設投資債券市場，應該選擇以你母國貨幣計算、評等優良的債券，或是選擇持有這檔債券，且採行匯率避險的基金。此外，你的股票投資組合應盡可能複製全球股票市場。例如，澳洲投資人會將二%的股市資金投入澳洲股票，日本投資人會配置八％的資金在日本股票，英國投資人會將六％的資金放在英國股票，其餘的則是投資國外股票。

如果你將債市資金全數投入以地方貨幣計算的債券，或是已經進行匯率避險的基金，就能避免這部分的投資組合暴露於匯率風險之中。如果你持有評比優良的企業債券或政府公債，就能減少違約風險。

那股票呢？我建議的策略可能會有極大的匯率風險。假設一名澳洲青年建立股票占比相當高的投資組合，而且將九八％的股市資金投入外國股票，那麼他將承擔極高的匯率風險。不過我依舊認為承受匯率風險的投資策略，會比「將大部分或全部股市資金投入澳元股票，導致投資過於集中」要明智得多。除此之外，匯率風險會隨著時間累積而逐漸降低，當我們假設的澳洲青年成為中年人，並愈來愈接近退休年齡時，他會增加債券持有比例，也許占整體投資組合的五〇％。

即使在這個時候，股票占比只有五〇％且幾乎全數投資外國企業，但是我們假設的這位青年必須累積足夠的積蓄做為退休後的收入來源，這樣的投資組合的匯率風險就會太高。但也不能因此轉而大量投資澳元股票。比較明智的做法是，將部分的股市資金轉向分散投資全球、但做好匯率避險的澳洲指數型基金。如此一來，便能充分利用兩大投資市場的優點：一方面降低匯率風險，另一方面透過分散全球的選股增加投資安全。

我不會完全避開匯率風險。某種程度的匯率曝險可以提供額外的分散投資效果。假使你的母國經濟陷入困境，導致本國貨幣在外匯交易市場上變得較為弱勢。在這種情況下，國內股市很可能會跟著走跌，但是如果你擁有未避險的外國股票，由於這些國家的貨幣相對於你母國的貨幣較為強勢，因此可以部分、甚至全部彌補你持有國內股票所造成的損失。根據經驗法則：如果你已接近退休年齡或是已經退休，那麼在可能面臨匯率風險的投資比例上不應超過投資組合的二五%。

想一下，我們假設的澳洲投資人已經退休，在他們的投資組合當中，國內債券占五〇%、澳洲股票占一%、國外股票占四九%。（澳元股票的曝險上限依舊是二%，但是因為如今的投資組合當中，債券只占了一半，匯率曝險僅占整體投資組合的一%）在這種情況下，我們假設的澳洲退休人士有四九%的投資組合會有匯率風險。為了將比例降至二五%，他們必須將一半的國外股票投資資金，轉入有進行匯率避險的指數型基金。

分散投資的必要性

就實際投資操作而言，前述的策略代表什麼意義？不妨長話短說，我們會忽略私人股權與商業房地產不談，是因為這些投資類型在全球市場投資組合的占比相對較低；相反地，我們會將重點放在股票和債券市場。可以想見，你大概只會購買四到五檔基金。

如果要投資債券，你應該購買廣泛投資國內債券市場的指數型基金，以及投資外國債券市場上有進行匯率避險操作的指數型基金。更簡單的投資策略是：只需要購買一檔全球債券指數型基金，也就是同時持有國內和國外債券的基金，但有針對外國債券的匯率風險進行避險。

那麼股票呢？你可以購買三種基金：一檔投資國內股市的指數型基金，以及兩檔分散投資全球股市的指數型基金，包括國外已開發市場和新興市場。投資國外股市的兩檔基金，其中一檔可採取匯率避險。或者，如果可以的話，你可以購買兩檔全球股票的指數型基金，也就是同時持有國內與國外股票，同樣地，其中一檔有進行匯率避險。然後你可以根據希望的匯率曝險程度，調整這兩檔基金的投資金額。

目前全球的三大指數型基金產品分別是貝萊德的安碩系列（iShares）、道富環球投資管理公司的ＳＰＤＲ系列以及先鋒集團，不過目前也只有這三家公司推出指數型基金產品。先鋒推出共同基金以及指數股票型基金（ＥＴＦ），至於安碩系列和ＳＰＤＲ系列都是指數股票型基金。理想上，你想要購買的基金應該可以直接買到。如果不行，或許可以考慮購買國外上市的指數股票型基金，但可能因此要多負擔交易成本，此外還要解決稅務難題。

如果你因為國內市場推出的產品有限或受限於只能購買雇主的退休金計畫，而無法直接購買想要買的基金？這時候你需要一些創意。但千萬不要忘記多元分散的必要性，以及降低投資成本的重要性。

當我們選擇基金時，要特別注意每檔基金每年需要支付的費用，以及經紀人佣金和其他購買指數股票型基金會產生的相關交易成本。選擇那些買賣時不需要支付佣金的基金，在美國稱之為「免佣基金」。一旦決定了投資組合，一定要不時地回頭檢視，確保投資組合符合原先設定的目標占比。如果沒有，就要試著重新取得平衡，例如減少百分比較高的投資，增加未達目標百分比的投資。

當我們決定忽略房地產和私人股權，並隨著年紀增長調整股票和債券的比例，其實就已遠離了複製全球市場投資組合的策略，雖然只是為了將投資單純化，以及降低風險因素，而且也不會影響我們長期獲得合理報酬的機率。那麼，還需要離得更遠嗎？我們可以推測指數型基金持有的股票和債券，然後開始主動管理手上的投資組合。但我不會這麼做。若我們停掉指數型基金，購買主動式管理基金，可能會面臨「選擇的基金的績效遠不如原先採取的指數追蹤策略」的風險。如果我們將重心放在某一特定領域的股市會更危險，甚至若開始投資個股，風險將會更高。

當然，如果我們放棄投資主動式管理金以及個股，也就等於放棄了投資績效優於指數的機會，雖然機會相當渺茫，不過這就是投資的兩面刃——分散程度愈低，變有錢的機會就愈高，但是變窮的機會也會更高。這兩種結果完全不同。

請記住，我們的目標是累積足夠的財富，過我們想要的生活。如果我們沒有好好地建立分散化的投資組合，就很有可能因為短期的虧損而受到重創，導致財務狀況難以恢復正常，如此一來就無法達成原先設定的目標。投資虧損的後果讓人難以想像：如果我們虧損二五%，就必須獲得三三%的報酬才能打平。如果虧損五〇%，就要創造一〇〇%的報酬率才能損益兩平。如果是虧損七五%呢？要彌補如此龐大的損失，就必須創造三〇〇%的報酬率。

七五%的虧損看來很難想像，過度謹慎的理財作家偏愛這種不可能發生的可怕情境，好用來驚嚇讀者。不過，許多投資人這幾十年確實經歷過這種夢魘般的情境：他們在一九九〇年代末期大量投資科技股，結果損失慘重，而且比起二〇〇〇至〇二年的熊市還嚴重。歷經長達三十一個月的跌勢，通常作為衡量科技股表現的那斯達克綜合指數暴跌七八％。直到二〇一五年，那斯達克綜合指數才回復到二〇〇〇年三月的高點。事實上，在一九九〇年代末期，科技股投資人就如同俄羅斯輪盤遊戲的參賽者，沒能即時退場的投資人，最終賠上了十五年的財務生活。

停損點的三層思考

之前我曾提到，當我們投資時會面臨三種不同的風險。我們已經討論過市場有可能表現得很糟，以及我們的投資有可能遠遠落後市場平均等這兩項風險。現在，我們要來討論最後一個風險：我們在錯誤的時間點買進與賣出。

這裡我們要討論的是鏡中的敵人。我們可以承受多少的投資風險?市場上漲時我們說出的答案會完全不同於市場下跌時，當後者發生時，你的鄰居會陷入絕望，權威人士會對外宣稱更糟的還在後頭。喬治·古德曼（George Goodman）曾以亞當·斯密為化名出版暢銷書《金錢遊戲》，他在書中寫道：「如果你不夠了解自己，市場會幫助你用昂貴的代價做到。」

既然我們常因為恐慌而拋售股票，比較好的做法是當股價接近歷史高點時便立即脫手，而不是等到股價暴跌時才急著拋售。我們要如何判斷自己可以承擔多少的風險，以便能夠在市場上漲期間、而非下跌期間出脫持股？不幸的是，沒有股票市場模擬器可以讓我們確切理解，在市場動盪時可能感受到的恐懼，但是你可以從不同角度探討這個議題。

對於新手來說，如果你曾在二〇〇八以及二〇〇九年投資股市，確認一下當時你是否有買進、出售股票，或者按兵不動。我們的記憶很不可靠，所以檢查你的舊帳戶，仔細核對你的交易紀錄。雖然我們的投資技巧應該要與時俱進，但是不要欺騙自己：若要預測下一次熊市出現時我們會有怎樣的反應，最好的方法是去看上一次熊市出現時我們是如何回應的。

如果你未曾經歷過熊市呢？不妨想像股市下跌三五%，這是在熊市時常見的跌幅。然後想想，當你的投資出現虧損，會產生什麼樣的後果？假設你有九百五十萬的儲蓄，其中包括七百五十萬的股票投資。突然之間，原本九百五十萬的資產組合只剩下六百萬。你損失了一筆金錢，而且據你所知，再也無法彌補回來。很有可能不久之後，這六百萬的資產組合會縮減為五百五十萬，或是更少。這時候你的感受是如何？你會如何反應？

我的建議是：為你的資產組合設定停損點。假設你擁有一千萬的儲蓄，你不希望資產組合的減少幅度超過三百萬元，或是資產總合低於七百萬元。如果你將三百萬元除以〇・三五，就會得出八百五十七萬元——這就是你投資股票的最高上限。為什麼是八百五十七萬元？因為假如你擁有的一千萬資產組合當中，有八百五十七萬投資於股票，那麼當股市下跌三五％時，你的資產組合不會降至七百萬元以下。

還需要更謹慎嗎？你可能會預設五〇％的跌幅。在這樣的情況下，如果要計算出究竟要投資多少資金在股市，就把你願意承受的虧損金額上限除以〇・五，最後得出的數字就是你可以投資股票的最高上限。

通常我們不怎麼滿意自己的投資組合，因為一連串的錯誤思維，導致我們過度在意現有的投資。為了擺脫這樣的觀點，你或許可以試著問自己以下的問題：「**如**

果某個鄰居和我同年紀，財務條件也和我類似，他希望我能提供一些財務建議，我應該推薦他哪些投資組合？」如果你推薦給這位鄰居的投資組合與你自己的有所不同，就應該要問為什麼。

又或者，你也可以問自己這個問題：**「如果今天我是從零開始，那麼我會買進現在擁有的投資組合嗎？」**

當你你問了自己以上兩個問題，也很確定對於現有的投資組合感到滿意，那麼就應該問最後一個問題：**「我是否額外承擔了某些不必要的風險？」**

如果我們有足夠存款，可以過著自己想要的生活，就表示我們已經成為人生的贏家。那為什麼我們還要冒著可能失去我們已經擁有的財務安全感繼續參加這場遊戲？我們可能很放心地將七〇％的資產組合放在股票市場。但如果我們擁有足夠的儲蓄，而且不需要獲得高額的投資報酬也能達成財務目標，就可以將股票的比例降至四〇或五〇％。缺點是我們留給後代的財產會減少，但離開時破產的機率也會因此而降低。

後記

最後的十二點建議

我的祖父是出生於一九〇五年的倫敦勞工階級，在他很小的時候，母親就已過世，因此由阿姨撫養長大，阿姨常常為自己的小孩保留豐富的食物，但留給我祖父和他姊妹的食物卻少很多。我祖父十二歲時離開學校，進入郵局，負責分類郵件。後來他有能力繼續就讀夜校，因此在政府機關找到了一份行政工作，一直做到退休。終於，他開始享受中產階級的舒適生活，包括買房買車，但直到七十多歲才開始用電話。他的兩個小孩，也就是我的父親和姑姑都上了劍橋大學，在當時很少有來自英國北部地方學校的學生能進入劍橋就讀。

幾乎每一年選舉，祖父都會投票給工黨，他自認是社會主義者。他比多數人都了解「貧窮」是所有社會問題的溫床。他常把頭歪向一邊，加強語氣說道：「如果有任何人長大後會成為罪犯，那個人就是我。」他的意思是：貧窮或許有可能導致犯罪，但是不能因此成為個人行為的藉口。

同樣的想法也適用於管理金錢。

有各種理由可以說明為什麼我們如此不擅長管理金錢。我們可以怪罪於天生的本能、傳統觀念、密集的企業行銷、以及金融業的貪婪。但是當我理解人們為什麼會誤入歧途之後，就覺得沒什麼好同情的。畢竟不會有人拿著槍指著我們的頭，強迫我們過度消費或是購買價格高估的投資產品。我們依舊有選擇的自由，以及我們做財務選擇時應該特別小心，畢竟風險相當地高。如果做出錯誤決定，就得時時刻刻擔心財務問題；而如果做出正確的決定，就可以擁有財務自由，去過我們想要的生活。

這是本關於「如何思考金錢」的書，我有成功說服你嗎？或許你還是想要試試看能否打敗股市大盤，或依舊忍不住想要買一台酷炫的新跑車，也可能你實在不太相信自己真的會長壽，所以不願延遲領取政府的退休金福利。但願你能從前面幾章所討論的內容中獲得啟發，以全新的角度看待自己的財務。

現在的你或許已經開始在思考：是該採取行動的時候了。有些讀者在閱讀的過程中可能因為小孩或手機而分心，不記得書中的內容，於是我歸納出十二點建議，幫助你善加運用你的金錢：

一、**我們偏愛物品的使用價值，但是把錢花費在體驗上會比較快樂**。不要再想著買新車，不如來一場橫跨歐洲的旅行。

二、**我們應該運用金錢與朋友和家人共度特別的時光**。帶小孩參加運動比賽，帶你的另一半去看戲，和朋友吃頓晚餐，預訂好行程去探望你的孫子。

三、**當我們有時間可以做自己熱愛的工作時，應該好好為自己規劃生活**。為了達到這個目標，我們應該在二十幾歲時盡可能地存錢，才能買到某種程度的財務自由。等到我們四十或五十多歲，就可以運用財務自由轉換到收入不是那麼優渥、但卻能讓我們感到心滿意足的工作。

四、**我們不應該擔心退休後會早死，而是要有心理準備，我們的壽命可能會比預期要長**。面對這樣的風險，多數人應該要延遲領取政府退休金福利，以換取每個月能夠獲得較高的固定收入。你也可考慮購買即期年金，如此一來終身都能擁有固定的收入來源。

五、**我們的投資期限不是以月或是年，而是以數十年來計算**。我們應該擺脫市場短期下跌的影響，而是像那些分散投資全球股票，並長抱三十、甚至五十年的投資人一樣，才能累積驚人的報酬。確實，對於債券持有或是現金投資不足的退休人士來說，長期的熊市可能會嚴重衝擊他們的報酬，但是對於善於存錢的年輕人來說，卻是一份寶貴的禮物，因為他們可以趁機逢低買進。

六、**我們應該盡可能降低每月的固定成本**，例如房貸或租金、水電費、雜費、保費等。降低固定成本才能擁有更大的財務空間，降低財務壓力，可以因此有更多的錢自由地投入「有趣」的消費，同時更積極地存錢。

七、**良好的儲蓄習慣並非是自然而然形成，我們必須盡可能讓存錢的過程少一些痛苦**。我們可以固定提撥一定比例的薪資，投入雇主的退休計畫。或是設下定期定額投資計畫，也就是每個月從銀行帳戶中扣除一筆資金，直接投資我們選定的基金。此外，你可以選擇較容易執行的財務策略，例如每個月的房貸還款金額增加兩、三千元，有任何意外之財都應該好好存起來，例如退稅或是兼差的收入。

八、**愈是努力想要打敗股市大盤，就愈可能失敗，因為會產生投資成本**。為了避免這樣的結果，我們不應該再認為自己比其他投資人聰明，而是要抱持謹慎的態度，作法是購買分散投資全球的低成本指數型基金。

九、**永遠不要忘了股票的基本價值**。如果你的股票投資組合足夠分散，整體基本價值的變動會比市場價格要緩慢。我們應該抱持務實的心態，把重點放在我們投資的金錢能創造多少的股息和盈餘；有效掌握市場可能的長期報酬率；我們應該像購物者一樣思考，看到市場走跌就像是看到地方上的百貨公司推出促銷活動時一樣的興奮。

十、**長期而言，退休可能是我們這一生最後一個財務目標，但是我們必須把它放在第一位**。退休是成本最高昂的目標，需要花費數十年的時間儲蓄和累積投資所得，才能存夠需要的金錢。退休的目標也和其他目標很不一樣，不像是買房或是支付小孩教育費用。有什麼不一樣？對多數人來說，退休並非是選擇性的，退休後我們便沒有薪水，因此沒有固定的收入可花用。

十一、**我們應該採取宏觀的視角，依據我們能夠創造的收入來整合規劃我們的財務**。我們賺取的固定收入就好比是債券，能創造長達四十年的穩定收入來源。擁有了這筆穩定收入，我們可以讓投資組合分散投資全球股票，累積退休之後需要的積蓄；我們可以在二十幾歲時舉債，然後在退休之前還清債務。我們必須保障自己賺錢的本事，因此應該要購買適合的健康保險以及足額的失能與人壽保險。

十二、**我們的目標不是變有錢。我們的目標是擁有足夠的金錢，去過我們想要的生活。**我們不應該產生過高的投資成本、過度遠離追蹤全球指數的投資策略，或忽略可預防重大財務風險的保險，唯有如此才有可能達成我們希望的目標。

這十二點建議並沒有特別複雜或聰明。但是要執行這些策略，需要深思與努力。我們必須忽略自己的本能，控制情緒，深呼吸，然後專注於真正對我們而言最重要的目標——延續一生的快樂與財務自由，而你的這一生可能長達九十年。

聽起來似乎要花費很大力氣？但是和你能獲得的潛在報酬相比，實是在微不足道。一旦你具備了使命感，並一一執行上述歸納出的簡單步驟，便能累積驚人的財富，並且真正從金錢中獲得快樂。

本書註釋

我所列出的許多研究報告、文章和學術論文都可以在網路上免費取得。你只要透過你最常用的搜尋引擎，輸入標題和作者名字即可。

—前言—

❶ 如果想要了解行為財務學、神經經濟學、演化心理學以及快樂研究的基本知識，可以參考以下四本書。行為財務學：《行為財務學與財富管理》（*Behavioral Finance and Wealth Management*）麥克・龐皮恩（Michael M. Pompian）著。神經經濟學：《投資進化論：揭開「投腦」不理性的真相》（*Your Money and Your Brain*）傑森・茲威格（Jason Zweig）著。演化心理學：《都是基因惹的禍》（*Mean Genes*）泰瑞・柏翰與傑・費蘭（Terry Burnham and Jay Phelan）著。快樂研究：《這一生的幸福計劃：快樂也可以被管理，正向心理學權威讓你生活更快樂的十二個提案》（*The How of Happiness*）索妮亞・柳波莫斯基（Sonja Lyubomirsky）著。

❷ 我忍不住要寫一句註釋說明不需要註釋。

—第1章—

❸ Alois Stutzer and Bruno S. Frey, 'What Happiness Research Can Tell US About Self-Control Problems and Utility Misprediction', IZA Discussion Paper no. 1952 (January 2006).

❹ Elizabeth W. Dunn, Daniel T. Gilbert and Timothy D. Wilson, 'IF Money Doesn't Make You Happy, Then You Probably Aren't Spending It Right', *Journal of Consumer Psychology*, vol. 21, issue 2 (April 2011).

❺ Zhanjia Ahang and Weiyun Chen, 'A Systematic Review of the Relationship Between Physical Activity and Happiness', *Journal of Happiness Studies* (24 March 2018).

❻ 皮尤研究中心（Pew Research Center）、*Are We Happy Yet?* (February 2006).

❼ Sonja Lyubomirsky, Kennon M. Sheldon and David Schkade, 'Pursuing Happiness: The Architecture of Sustainable Change', *Review of General Psychology*, vol. 9, no. 2 (2005).

❽ 皮尤研究中心，*People in Emerging Markets Catch Up to Advanced Economics in Life Satisfaction* (October 2014).

❾ Richard A. Easterlin, Laura Angelescu McVey, Malgorzata Switek, Onnicha Sawangfa and Jacqueline Smith Zweig, 'The Happiness-Income Paradox Revisited', *Proceedings of the National Academy of Sciences*, vol. 107, no. 52 (28 December 2010).

❿ Sonja Lyubomirsky, Kennon M. Sheldon and David Schkade, 'Pursuing Happiness: The Architecture of Sustainable Change', *Review of General Psychology*, vol. 9, no. 2 (2005).

⓫ 美國日常生活的快樂程度在收入達到七萬五千美元時為最高點。參考來源：Daniel Kahneman and Angus Deaton, 'High Income Improves Evaluation of Life But Not Emotional Well-Being', *Proceedings of the National Academy of Sciences*, vol. 107, no. 38 (21 September 2010)。一項針對一百六十四個國家，總計一百七十萬人的調查研究，也得出六萬到七千五百萬美元之間的類似結果。資料來源：Andrew T. Jebb, Louis Tay, Ed Diener and Shigehiro Oishi, 'Happiness, Income Satisfaction and Turning Points Around the World', *Nature Human Behavior*, vol. 2, 33-38 (January 2018)。

⓬ Daniel Kahneman, Alan B. Krueger, David Schkade, Norbert Schwartz and Arthur A. Stone, 'Would You Be Happier If You Were Richer? A Focusing Illusion', *Science*, vol. 312 (June 2006)

⓭ Daniel Kahneman and Angus Deaton, 'High Income Improves Evaluation of Life But Not Emotional Well-Being', *Proceedings of the National Academy of Sciences*, vol. 107, no. 38 (21 September 2010)

⓮ David Schkade and Daniel Kahneman, 'Does Living in California Make People Happy?' *Psychology Science*, vol. 9, no. 5 (September 1998).

⓯ Erzo F. P. Luttermer, 'Neighbors as Negatives: Relative Earnings and Well-Being', *Quarterly Journal of Economics* (August 2005).

⓰ John Gathergood, 'Debt and Depression: Casual Links and Social Norm Effects', *The Economic Journal* (September 2012).

⑰ Daniel Kahneman, Alan B. Krueger, David Schkade, Norbert Schwartz and Arthur A. Stone, 'Toward National Well-Being Accounts', *AEA Papers and Proceedings* (May 2004).

⑱ Huffington Post.com, 'Divorce Study Shows That couples With Longer Commute Are More Likely to Divorce' (13 August 2013).

⑲ Leaf Van Boven and Thomas Gilovich, 'To Do or Have? That Is the Question', *Journal of Personality and Social Psychology*, vol. 85, no. 6 (2003)

⑳ Kim Parker, *Parenthood and Happiness: It' More Complicated Than You Think*, Pew Research Center (7 February 2014).

㉑ Chris M. Herbst and John Ifcher, 'The Increasing Happiness of Parents', *Review of Economics of the Household* (July 2015).

㉒ Angus Deaton and Arthur A. Stone, 'Evaluative and Hedonic Wellbeing Among Those With and Without Children at Home', *Proceedings of the National Academy of Sciences*, vil. 111, no. 4 (28 January 2014).

㉓ Elizabeth W. Dunn, Daniel T. Gilbert and Timothy D. Wilson, 'IF Money Doesn't Make You Happy, Then You Probably Aren't Spending It Right', *Journal of Consumer Psychology*, vol. 21, issue 2 (April 2011).

㉔ Richard M. Ryan and Edward L. Deci, 'Self-Determination Theory and the Facilitation of Intrinsic Motivation, Social Development, and Well-Being', *American Psychology*, vol. 55, no. 1 (January 2000).

㉕ 我真的很想說就是 HumbleDollar.com，做為註釋不算太刻意吧。

㉖ Ashley V. Whillans, Elizabeth W. Dunn, Paul Smeets, Rene Bekkers and Michael I. Norton, 'Buying Time Promotes Happiness', *Proceedings of the National Academy of Sciences*, vol. 114, no. 32 (8 August 2017).

㉗ Daniel Kahneman, Alan B. Krueger, David Schkade, Norbert Schwartz and Arthur A. Stone, 'Toward National Well-Being Accounts', *AEA Papers and Proceedings* (May 2004).

㉘ Julianne Holt-Lunstad, Timothy B. Smith and J. Bradley Layton, 'Social Relationships and Morality Risk: A Meta-Analytic Review', *PLOS Medicine* (27 July 2010). ＰＬＯＳ是公共科學圖書館（Public Library of Science）的縮寫。

㉙ 寫給那些吹毛求疵的人：我們只計算格洛佛．克里夫蘭（Grover Cleveland）一次，雖然他曾兩度擔任總統。直至二〇一八年中，有四十五任美國總統，但只有四十四位總統。

—第2章—

㉚ Felicite C. Bell and Michael L. Miller, *Life Tables for the United States Social Security Area 1900-2100*, Social Security Administration, Office of the Chief Actuary, Actuarial Study no. 120 (August 2005). 此處的數字引用自表十一，代表世代平均餘命。世代平均餘命反映的是死亡率實際以及預期下滑的幅度。相反地，期間平均餘命反應了在特定年份每個年齡族群的死亡率，並未計算實際或預期的改善程度。例如，假設某個人出生於二〇〇〇年，如果是男性，他的期間平均餘命為七十四歲，女性為七十九歲。至於世代平均餘命，男性為八十歲，女性為八十四歲。如果你要推估自己會活多久，後者是比較精確的算法。

㉛ 關於這段洞見以及相關數字，要非常謝謝理財專員鮑伯．佛瑞（Bob Frey）與精算師喬伊．湯姆林森（Joe Tomlinson）。

㉜ 社會安全局公布的「遺屬與殘障保險計畫信託報告」（2017 OASDI Trustees Report），表 V.A3。

㉝ 聯合國經濟暨社會事務部人口司（Department of Economic and Social Affairs, Population Division），資料取自於人口司網站。

㉞ 根據員工福利研究所（Employee Benefit Research Institute）公布的《二〇一八年退休信心調查》（2018 Retirement Confidence Survey）多數美國工作者計劃在六十歲時退休，但實際上他們多半會提早在六十二歲退休。

㉟ 若想要更加了解關於人口老化的難題，可參考：Robert D. Arnott and Anne Casscells, 'Demographics and Capital Market Returns', *Financial Analysts Journal* (March/April 2003).

㊱ David G. Blanchflower and Andrew J. Oswald, 'Is Well-Being U-Shaped Over the Life Cycle? *Social Science & Medicine 66* (2008).

㊲ 若想要閱讀關於年齡與動機的研究摘要，可參考：Gottfried Catania and Raymond Randall, 'The Relationship Between Age and Intrinsic and Extrinsic Motivation in Workers in a Maltese Culture Context', *International*

Journal of Arts and Sciences, vol. 6, no. 2 (2013)。

㊳ Lauren L. Schmitz, 'Do Working Conditions at Older Ages Shape the Health Gradient?' Working paper (September 2015).

㊴ American Institute for Economic Research, *New Careers for Older Workers*, 2015

㊵ Mihaly Csikszentmihalyi, *Flow: The Psychology of Optimal Experience*, Harper & Row (1990).

㊶ Jonathan Clements, 'Three Questions That Can Change Your Finances…and Your Life', *Wall Street Journal* (27 February 2015).

㊷ Anna Prior, 'Route to an $8 Million Portfolio Started With Frugal Living', *Wall Street Journal* (19 March 2015).

㊸ 這些本益比數值的計算是依據一九一三年十二月三十一日以及二〇一七年十二月三十一日的公告盈餘。不過，投資人所想的本益比可能會稍有不同，因為全年盈餘仍未公告。

㊹ 你可以在以下網站找到摩根指數的統計數據：www.msci.com/end-of-the-day-data-search。如果要查詢個別指數的表現，只要輸入指數名稱即可。

㊺ John C. Bogle and Michael W. Nolan Jr., 'Occam's Razor Redux: Establishing Reasonable Expectations for Financial Market Returns', *Journal of Portfolio Management* (Fall 2015).

㊻ William J. Bernstein and Robert D. Arnott, 'Earnings Growth: The Two Percent Dilution', *Financial Analysts Journal* (September/October 2003). 自從研究報告發表之後幾年的時間，股票回購數量大約和股票發行數量相等，但無法確定這是短期或長期現象。

㊼ John Maynard Keynes, *The General Theory of Employment, interest and Money*, Macmillan Press (1936).

㊽ 雖然在六十二歲領取社會安全退休福利的人相當多，但有跡象顯示，開始有人採取較聰明的財務行為，詳細內容請參考：Alicia H. Munnell and Anqi Chen, *Trends in Social Security Claiming*, Center for Retirement Research at Boston College (May 2015).

—第3章—

㊾ 更多內容請參考：Michael M. Pompian, *Behavioral Finance and Wealth Manafment: How to Build Optimal*

Portfolios That Account for Investor Biases, Wiley (2006).

50 Meir Statman, 'How Your Emotions Get in the Way of Smart Investing', *Wall Street Journal* (14 June 2015).

51 Thomas J. Stanley and William D. Danko, *The Millionaire Next Door: The Surprising Secrets of America's Wealthy*, Longstreet Press (1996).

52 Thomas Stanley, *Stop Acting Rich…And Start Living Like a Real Millionaire*, Wiley (2009).

53 當我演講時，我通常會唸出這些統計數字，然後說：「我常對人們說，當你遇到百萬富翁，只要看到他邋遢的髮型以及可怕的宿醉，你就會知道他是。」

54 Jonathan Clements, 'Compare and Contrast: Bear Market of 1973-74 Changed How People Judged Investment Performance', *Wall Street Journal* (28 May 1996).

55 Michael C. Jensen, 'The Performance of Mutual Funds in the Period 1945-64', *Journal of Finance*, vol. 23, issue 2 (1968).

56 Aye M. Soe and Ryan Poirier, *SPIVA US Scorecard*, S&P Dow Jones Indices, S&P Global, Report I (year-end 2017).

57 Aye M. Soe and Ryan Poirier, *Does Past Performance Matter? The Persistence Scorecard*, S&P Dow Jones Indices, S&P Global, Exhibit 5 (December 2017).

58 Benjamin Graham, *The Intelligent Investor*, HarperCollins (1949).

59 若要了解目前的席勒本益比以及股息和盈餘的歷史資料，可以前往羅伯特·席勒（Robert J. Schiller）官網首頁，點選「線上資料」（Online Data）標籤，然後打開「美國股市一八七一年至今以及週期調整本益比」（U.S. Stock Markets 1871-Present and CAPE Ratio）試算表。

— 第 4 章 —

60 可參考：Adam Smith, *The Wealth of Nations*, book II, chapter 1 (1776)。Zvi Bodie, Robert C. Merton and William F. Samuelson, 'Labor Supply Flexibility and Portfolio Choice in a Life Cycle Model', *Journal of Economic Dynamics and Control* (1992). Roger G. Ibbotson , Kevin X. Zhu, Peng Chen an Moshe A. Milevsky, *Lifetime*

Financial Advice: Human Capital, Asset Allocation and Insurance, CFA Institute Research Foundation (2007). 七〇%的數據來自於：Tiffany Julian, *Work-Life Earings by Field of Degree and Occupation for People With a Bachelor's Degree: 2011*, American Community Survey Briefs, US Census Bureau (October 2012)。研究結果顯示，高中學歷平均預期終身所得為一百四十萬美元，擁有學士學位的為二百四十萬美元，擁有專業學位的為四百二十萬美元，擁有博士學位的為三百五十萬美元。

61 四%的提領率是所有理財專員建議的標準，部分要歸功於威廉．班根（William P. Bengen）發表的劃時代文章：'Determining Withdrawal Rates Using Historical Data,' *Journal of Financial Planning* (October 1994)。他的假設是，退休的人在第一年退休時，會提領四%的積蓄。之後幾年，他們必須依據通貨膨脹設定提領比例，這筆錢可能要繳稅，領取的股息和利息也應計入當年可提領的整體收入金額。

62 Chenkai Wu, Michelle C. Odden, Gwenith G. Fisher, and Robert S. Stawski, 'Association of Retirement Age with Mortality: A Population-Based Longitudinal Study Among Older Adults in the USA', *Journal of Epidemiology and Community Health* (21 March 2016).

63 美國的數據來自於：United States Life Tables 2014, National Vital Statistics Report, vol. 66, no. 4 (14 August 2017)。英國的數據來自於國家統計局（Office for National Statistics），相關資訊可從網站上下載。

64 關於「時間分散風險」的概念有大量的文獻，若要了解關於這問題爭論的摘要，可參考：Donald G. Bennyhoff, *Time Diversification and Horizon-Based Asset Allocation*, Vanguard Investment Counseling & Research (2008).

—第5章—

65 John C. Bogle, 'The Arthmetic of "all-In" Investment Expenses', *Financial Analysts Journal*, vol. 70, no. 1 (January/February 2014). 根據柏格計算，投資主動式管理股票基金的總成本每年大約是二．二七%，有些主動式管理基金會收取〇．五%的銷售費用，也包含在二．二七%內。

66 Brad M. Barber and Terrance Oden, 'The Behavior of Individual Investors', SSRN.com (September 2011).

67 非常感謝威廉．伯恩斯坦時常提到帕斯卡的賭注與財務的關聯，我也終於明白。

68 Ronald Doeswijk, Trevin Lam and Laurens Swinkels, 'The Global Multi-Asset Market Portfolio, 1959-2012', *Financial Analysts Journal*, vol. 70, no. 2 (March/April 2014). 這個投資組合反映的是「市場組合」或是「可投資範圍」，但不代表全球的整體財富。如果你要推算全球財富，就必須加上住宅用房地產、私有企業的價值、政府擁有的資產、貴金屬、藝術以及你可能也非常在乎的，人力資本的價值。

這衍生出一個有趣的問題：如果我們關注的全球財富，而非可投資範圍，那麼投資組合還需要包含債券嗎？每借出一美元，就有一美元被借走，所以全球的淨債券部位是零。如果我們揮動魔杖，就能讓所有的企業、房地產和政府公債消失不見，那麼股票價值會因此上漲，股東會變得富有；屋主的房屋淨值會提高，屋主因此變得富有；用稅收支付的利息費用將會減少，納稅人負擔隨之減少。但是，我們也因此讓企業、房貸、政府公債的持有人損失了相同數額的金錢。

69 美國網站 FolioInvesting.com 提供了由十五檔指數股票型基金組成的「現成」投資組合，名為 CWM 全球市場組合（CWM Global Market），目的是複製市場的投資組合。

金錢超思考

《華爾街日報》最受歡迎財經作家，25 道創造財富的關鍵思考，教你晉升有錢人！

How to Think About Money

作　　者──喬納森・克雷蒙（Jonathan Clements）
譯　　者──吳凱琳

責任編輯──陳嬿守
副 主 編──陳懿文
封面設計──萬勝安
行銷企劃──鍾曼靈
出版一部總編輯暨總監──王明雪

發 行 人──王榮文
出版發行──遠流出版事業股份有限公司
104005 台北市中山北路一段 11 號 13 樓
郵撥：0189456-1
電話：(02)2571-0297　傳真：(02)2571-0197
著作權顧問──蕭雄淋律師

□ 2019 年 9 月 1 日 初版一刷
□ 2022 年 11 月 20 日 初版八刷
定價──新台幣 350 元（缺頁或破損的書，請寄回更換）

ISBN 978-957-32-8638-7

遠流博識網
http://www.ylib.com　E-mail: ylib@ylib.com
遠流粉絲團 https://www.facebook.com/ylibfans

國家圖書館出版品預行編目（CIP）資料

金錢超思考：《華爾街日報》最受歡迎財經作家，
25 道創造財富的關鍵思考，教你晉升有錢人！／
喬納森・克雷蒙（Jonathan Clements）作；吳凱琳
譯. -- 初版. -- 臺北市：遠流, 2019.09
面；　公分
譯自：How to think about money
ISBN 978-957-32-8638-7（平裝）

1. 個人理財

563　　　　　　　　　　　　　　108013599